미래는 디지털화폐 시대
비트코인 10년 안에 100억 간다

미래는 디지털화폐 시대

비트코인 10년 안에 100억 간다

지은이	한 길
펴낸곳	카이로스
펴낸이	서정현
편집자	서정현
디자인	김영진
주소	서울 서초구 서초중앙로 56 8층 824호
전화	02-558-8060
전자우편	suh310@hanmail.net
초판 1쇄 펴낸 날	2018년 1월 20일 발행
ISBN	979-11-962088-1-3 (03320)

NEW GOLD
BITCOIN
미래는 디지털화폐 시대
비트코인 10년 안에 100억 간다

한 길 지음

초고령화 시대가 되었다. 2030년이 되면 인간의 기대수명이 130세가 된다고 한다. 그뿐만 아니라 수백만 개의 일자리가 사라진다고도 한다. 불확실한 미래가 더욱 불확실해져 가고 있다. 빈부의 격차는 점점 더 벌어질 것이다. 부자들은 괜찮다. 그들은 돈이 돈을 벌어줄 것이니까. 문제는 다가오는 미래가 불안하다는 것을 알면서도 대책 없이 하루하루를 살아가는 나와 같은 대다수의 일반 소시민들에게 있다. 나는 그들에게 100년 만에 찾아온 황금 같은 기회를 알리고 이 기회가 지나기 전에 붙잡으라고 말하고 싶다.

책을 펴내며

　돈이 인류에게 끼치는 막강한 영향력을 생각하면 미래 세대가 경험하게 될 암호화폐의 세계는 동시대를 살아가는 우리에게 더욱 경이로운 경험을 하게 할 것이 분명하다. 시대와 역사는 함께 공존한다. 짧지만 결코 짧지만은 않은 우리 인생도 숱한 역사를 만들어내는 시간의 한 귀퉁이에서 레일 위를 달리는 기차의 수레바퀴처럼 한없이 굴러만 간다.

　지금의 세대는 100년도 안 되는 짧은 삶을 살아가는 가운데서 몇 세대를 거쳐야만 경험할 수 있었던 시대적 변화를 단 세대에 바쁘게 경험해 내야만 하는 세대가 되었다. 아날로그와 디지털을 겨우 넘어섰나 싶은데 어느새 4차 산업혁명이라는 IoT와 AI시대를 한꺼번에 경험하면서 정신없이 맞이해야 하는 세대가 지금 시대를 살아가는 우리가 아닐까 싶다.

많은 변화를 겪으면서 살아왔지만 앞으로도 더욱 많은 변화를 경험하면서 살아가게 될 후대 세대들과 함께 맞이하게 될 신세계는 경이로움을 넘어 기대와 환호에 넘치게 한다. 그 과도기를 살고 있는 우리 세대는 약간은 혼란스럽지만 조금만 관심을 갖고 공부하고 경험하다 보면 이러한 신세계도 없다고 할 정도의 환희를 경험하게 될 것이다.

요즘 시중에서 흔하게 듣는 말이 있다. "100년 만에 찾아온 부자가 될 수 있는 마지막 기회", "지금 암호화폐에 투자하지 않으면 평생 후회하게 된다." 등이다. 암호화폐 시장이 폭발 직전의 과열 조짐이 보이는가 하면 아직도 한쪽에서는 "비트코인이 뭐야?" 하는 두려움 가득한 눈빛을 보내는 순진무구한 사람들이 많다.

관심을 갖지 않으면 그냥 흘려보내야 하는 엄청난 기회, 모르면 당하게 되는 암호화폐 시장의 혼탁함을 주변 사람들에게 바로 알리고, 함께 공부하고 또 함께 이 기회의 시장에 동승하고자 이 책을 쓰게 되었다. 이 책은 암호화폐 입문 서적에 가깝다고 할 수 있겠다. 한편으로는 암호화폐의 전략적 투자 길잡이가 되어 줄 것이다. 전문가의 시각에서 보면 어쩌면 상식이 되어버린 듯한 진부한 내용도 있겠지만 아직도 암호화폐가 무엇인지 전혀 모르는 대다수의 사람들에게는 작은 지침서가 될 수 있을 것이다.

지면을 빌어서 암호화폐의 눈을 뜨게 해준 한국디지털거래소 김용호 대표님과 기회의 장을 열어주신 e-blockchain 김용철 대표님, 그리고 한국블록체인R&D협회 김승관 대표님께도 감사를 드린다. 늘 곁에서 조언해 주며 힘들 때마다 도움을 주신 RCC 최사랑 회장님께도 감사의 말씀을 전한다. 마지막으로 내 삶의 전부를 이끌어 가시며 무한한 지혜와 용기를 주시는 하나님께 감사와 찬양을 드린다.

독자 여러분께서는 이 책의 마지막 장을 넘기는 순간 100년 만에 찾아온 기회 속으로 들어갈 수 있는 지혜가 생길 것을 확신한다. 아무쪼록 시대가 안겨준 선물을 듬뿍 받아서 사람답게 살 수 있도록 풍성하고 여유로운 경제적 자유를 무한히 누리는 독자제현이 되기를 바란다.

프롤로그

비트코인처럼 8년 만에 100만 배 이상 가격이 상승한 자산은 지금까지 결단코 없었다. 2009년 1월에 비트코인이 처음 만들어졌을 때는 단돈 0.3원이었다. 아니 그때는 아직 돈이라는 개념이 없을 때였다. 그러다가 2010년에 비로소 10원 정도의 가치가 형성되었다. 이 책을 읽고 있는 독자가 만약 그때 비트코인 10만 원어치를 샀더라면 8년 뒤인 지금의 가치는 자그마치 2,000억 원이 된다는 얘기다.

설령 그때 비트코인을 샀더라도 지금까지 보유하고 있을 리도 만무할 테다. 왜냐하면 몇백 배만 뛰었어도 얼른 팔아치우고는 뒤이어 계속 오르는 것을 속절없이 바라만 보면서 땅을 치고 후회하고 있을 터이지만. 실제로 그때부터 지금까지 비트코인을 꾸준하게 보유하고 있는 사람은 개발자를 제외하고는 몇 안 될 것이다.

그렇지만 만약, 그때 내가 비트코인을 샀던 주인공이라면 어떨까? 상상만 해도 가슴 뛰는 얘기다. 이 꿈같은 얘기가 내가 살아가고 있는 21세기 현실 세계 속에서 일어났으나 나는 그저 바쁘고 성실하게 앞만 보며 살아가느라 나와 전혀 무관하게 지나갔다. 그뿐만 아니라 이런 엄청난 일이 실제로 일어났으나 최첨단 정보화 사회라 자처하는 대한민국 국민의 98%가 아직도 모르고 있거나 두려운 눈빛으로 바라보고 있는 현실이 더욱 놀랍기만 하다.

나는 3년 전에 실로 우연한 기회에 비트코인을 접했다. 지인을 통해서 '암호화폐'라는 것이 있다는 얘기를 들었다. 그때는 노래방에서 현금 대신 사용하는 코인 정도로만 생각했다. 물론 그냥 지나쳤다. 아주 무심하게…. 그로부터 1년 뒤에 TV 뉴스를 통해서 비트코인이 폭등했다는 소식과 거품이 끼어 있으니 주의해야 한다는 우려 섞인 소리를 들었다. 그리고 얼마 뒤에 주변에서 암호화폐로 큰돈을 벌었다는 사람들의 얘기가 들리기 시작했다.

뭔가 있구나! 비로소 머리 한쪽에서 전깃불이 튀는 것을 느꼈다. 인터넷을 뒤졌다. 알 듯 모를 듯한 얘기들로 꽉 차 있었다. 전문가들의 얘기가 정반대로 나뉘어 있었다. 혼란스러웠다. 30만 원 하는 비트코인을 샀다. 불과 보름 만에 2배가 넘게 뛰었다. 심장이 뛰었다. 얼른 팔아치웠다. 그로부터 한 달 뒤 120만 원을 훌쩍 넘어가고 있었다.

서점에서 암호화폐 관련 서적과 미래학자들의 책을 닥치는 대로 사서 읽었다. 암호화폐 프리세일 시장에 뛰어들었다. 물론 ICO에도 참여했다. 채굴기도 샀다. 대박이었다. 그러면서 알게 되었다. 암호화폐로 큰돈을 벌 기회가 앞으로 3년 정도밖에 없을 것이라는 사실을. 그때쯤이면 암호화폐의 모든 정보가 오픈되어 정보의 가치를 상실한 일반 상식이 되기 때문이다. 정보라는 것은 남들이 모를 때 먼저 취득하는 사람에게 우선순위가 있게 마련이다.

암호화폐시장은 누군가의 말처럼 "100년 만에 찾아온 기회"이다. 비로소 조금씩 대한민국이 암호화폐의 진가를 알아채기 시작했다. 암호화폐 거래소의 하루 거래량은 1조 5천억 원이 넘는다. 지난 11월 12일은 거래량으로 6조 원을 훌쩍 뛰어넘는 진기록을 세우기도 했다. 거래가 폭주해서 2시간이 넘도록 서버가 다운될 정도였다. 암호화폐 거래소가 생긴 지 3년 만에 단일 거래량으로 50년 주식시장을 뛰어넘은 것이다.

이제 더 바빠졌다. 이대로 가다가는 암호화폐로 돈을 벌 수 있는 시간이 앞으로 1년이 채 남지 않을 수도 있다는 것을 직감했다. 주변에 알리기 시작했다. 더 늦으면 기회가 없다고. 그러나 귀 기울이는 사람이 적다. 왜일까? 답은 간단했다. 대다수의 언론에서 부정적이거나 투기적인 부분만 강조하기 때문이다.

내가 이 책을 쓰는 이유다. 2년 동안 미친 듯이 암호화폐를 공부하고 실전 경험을 쌓고 그것을 토대로 모임을 만들고 밴드를 운영하면서 쌓은 노하우가 이제는 전문가 수준이 되었다는 것을 알리는 한편, 더 늦기 전에 이 암호화폐 시장이 주는 기회의 장을 함께 만들어 가고자 하는 바람이다.

초고령화 시대가 되었다. 2030년이 되면 인간의 기대수명이 130세가 된다고 한다. 그뿐만 아니라 수백만 개의 일자리가 사라진다고도 한다. 불확실한 미래가 더욱 불확실해져 가고 있다. 빈부의 격차는 점점 더 벌어질 것이다. 부자들은 괜찮다. 그들은 돈이 돈을 벌어줄 것이니까.

문제는 다가오는 미래가 불안하다는 것을 알면서도 대책 없이 하루하루를 살아가는 나와 같은 평범한 대다수의 일반 소시민들에게 있다. 그들에게 어쩌면 우리시대 마지막이 될 수도 있는 이 황금 같은 기회를 알리고 이 기회가 지나기 전에 붙잡으라고 얘기하고 싶다.

이 책에는 수많은 코인을 다 거론할 수 없어서 암호화폐의 대장 격인 비트코인을 집중적으로 다루었다. 비트코인의 흐름을 알면 다른 알트코인 비트코인과 이더리움을 제외한 모든 코인을 알트코인이라고 통칭한다들을 읽어낼 수 있는 혜안이 열리기 때문이다.

이 책은 처음부터 읽지 않아도 된다. 필요한 단락만 보아도 이해할 수 있도록 여러 단락으로 나누었다. 전반부는 일반적 상식에 관해서, 그리고 후반부로 갈수록 암호화폐에 대한 시대적인 흐름과 투자에 관한 정보를 다루었다. 이 책이 부자가 되고 싶은 꿈을 꾸고 열심히 살고 있는 이 땅의 모든 소시민에게 최고의 기회가 되기를 바란다.

차례

차례

CHAPTER **10**

비트코인의 미래를 읽어본다

CHAPTER **11**

암호화폐로 돈을 버는 방법들

CHAPTER 13

투자자가 알아야 할 암호화폐 용어

부록

비트코인,
제대로 알기

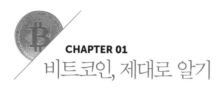

CHAPTER 01
비트코인, 제대로 알기

세상을 바꾼 위대한 질문

2000년 전 이스라엘 유대 땅 나사렛에서 태어나 30세 되던 해에 수많은 이적 기사를 행하면서 공생애를 시작했던 예수님이 하신 말씀이 있다. 당시 로마의 속국으로 살아가던 이스라엘 민족은 자신들을 구원해줄 이스라엘의 왕이 나타나기를 학수고대하며 기다려 오던 터였다.

예수님은 그 유명한 오병이어의 기적을 일으키고 가는 곳마다 문둥병자를 고치고 귀신들린 자에게서 귀신을 쫓아내고 중풍병자를 고치셨다. 또 죽은 자를 살리고 눈먼 자의 눈을 보게 하며 앉은 뱅이였던 사람을 일으켜 세우는 등 수많은 이적 기사를 일으키셨다. 예수님은 자신을 따르던 군중들이 다양한 이유와 목적으로 모여드는 것을 알고 있었다.

"사람들이 나를 누구라 하느냐." 예수님이 유대 땅 빌립보 지역을 지나면서 열두 제자들에게 던진 질문이다. 이런저런 답변에 "그렇다면 너는 나를 누구라 하느냐." 예수님이 열두 제자 중 하나인 베드로에게 던진 질문이다. 이 질문에 대한 베드로의 답변이 세계사의 흐름을 바꾸었고 인류사를 바꾸었다.

누가 만들었을까

최근 몇 년 사이에 전 세계적으로 이름이 알려진 사람이 있다.

'사토시 나카모토'

블록체인의 개념을 창안하여 비트코인을 만들어 냈으며, 4차 산업혁명의 도화선을 앞당겼을 뿐만 아니라 지금은 전 세계에서 화폐 개혁의 이단아로 불리는 이름이다. 그렇다면 사람들은 사토시 나카모토를 누구라 하는가? 제삼자의 입장에서 질문해 보았다.

어떤 이는 무정부주의자라고 하고, 어떤 이는 자유주의 해커집단 소속이라 하고, 어떤 이는 일본계 미국인이라 했다. 또 어떤 이는 외골수 혁명가이자 천재 컴퓨터 프로그래머라 하고 어떤 이는 호주의 사업가 겸 컴퓨터 공학자인 '크레이그 스티븐 라이트'라는 사람인데 인터뷰도 했다고 주장한다.

온갖 억측이 난무하는 가운데 그가 태어난 곳이 어디며 그 이름이 본명인지 예명인지, 아니면 인터넷에서 사용하는 닉네임인지, 남자인지 여자인지, 나이가 어떻게 되는지 전혀 알 수 없다. 지금껏 수많은 언론이 그를 찾아내려 노력하였으나 밝혀진 것이 아직 아무것도 없다. 이렇듯 존재는 있으나 현실에서 실체감이 전혀 드러나지도 않으면서 이토록 전 세계적인 이슈를 만들고 그 이름이 세간에 불린 사람은 지금껏 없는 듯하다.

일루미나티, 프리메이슨, 제수이트같이 전 세계를 단일정부로 만들기 위해 음모를 꾸미고 있는 단체의 소속이라는 주장도 있으나 오히려 그 반대일 수도 있다. 수천 년 기득권을 유지하고 있는 중앙집권적 권력에 반항하며 화폐 개혁을 주도하고 있는 자신의 신분이 드러나는 순간 암살의 위험에 처하게 되므로 절대로 존재를 드러내지 않을 것이라는 설도 있다.

한 가지 분명한 것은 그가 개발한 블록체인기술이 전 세계를 암호화폐의 열풍으로 몰아가고 있으며 세계 금 거래소와 선물거래소, 증권시장에 막대한 파급력을 일으키고 있을 뿐만 아니라 사람들의 일상 생활상까지도 바꾸어 나가고 있다는 사실이다.

비트코인, 알에서 깨어나다

비트코인은 미국발 세계 경제 위기가 발생한 2008년 이듬해인 2009년에 등장했다. 각 중앙국가의 통제에 대한 반발로 생겨난 것이다. 비트코인은 각 국가나 중앙은행의 통제 없이 화폐거래가 일어날 수 있도록 설계된 것이다. 이를 가능하게 한 것이 바로 블록체인이다.

현재의 화폐 기능은 상당히 왜곡되어 있다. 특히 중앙은행과 같은 금융기관에 대한 신뢰의 부재는 뿌리가 깊다. 예를 들어 국책 공공기관은 물론이고 재정이 건전하지 못한 은행 또는 기업을 구제할 때는 기본적으로 돈을 찍어내는 방식으로 지원을 하게 되는데 이는 그 나라 화폐의 건전성을 아주 취약하게 만든다.

혜택은 소수가 누리고 그 비용은 다수가 부담하는 방식으로 진행된다. 이렇게 누적된 오류는 오늘날 글로벌 금융시스템 전반에 걸쳐서 도덕적 해이를 가져다준다. 비트코인의 등장은 이렇듯 서툴고 기형적인 중앙 집중 권력과 금융시스템의 누적된 불신에 대한 저항의 의미로 받아들일 수 있다.

비트코인 개발자의 의도는 중앙 집중 권력에 반하여 간섭받지 않는 탈중앙화를 목표로 비트코인을 개발했다고 한다. 기축통화 역할을 자처하고 있는 미국 달러의 지배구조는 매우 왜곡되어 있다. 금본위제에서 달러 본위제로 전환된 이후 미국은 지난 100여 년간 정부 재정에서 흑자를 기록한 적이 거의 없다. 그런데도 전 세계 유일한 초강대국 지위를 계속 유지하고 있다. 그렇게 될 수 있는 배경은 국가 재정을 떠받쳐 주는 달러의 위력 때문이다.

화폐가 없던 시절에는 노동력을 모두 현물로 받았다. 그것을 자신이 필요로 하는 물건으로 서로 교환할 필요성이 대두되었고 자연스럽게 물물교환이 이루어졌다. 초기에는 카카오콩이나 조개껍데기 등을 교환의 도구로 사용했으나 차츰 엽전, 주화, 금화를 비롯한 금속 화폐, 지폐와 수표를 거쳐서 신용카드, 암호화폐까지 우리가 사용하고 있는 화폐는 시대의 변화에 따라 끊임없이 진화해 왔다.

화폐는 국가 단위의 중앙 집중 시스템에 의해 생산되고 또한 국가 간에 교환이 된다. 왜 화폐는 반드시 국가 권력만이 생산을 해야만 하는가에 대한 질문을 그동안 일부에서 꾸준하게 제기해 왔다. 소수의 사람들은 중앙정부의 개입에 의해 왜곡되고 있는 화폐의 개념을 벗어나 금융조직의 개입 없이 개인 간의 P2P 방식만으로 국가를 초월한 전자현금의 등장을 꿈꾸기 시작했다.

1998년 웨이따이가 처음으로 분산형 디지털 암호통화를 구상해 냈고, 같은 해에 닉 자보가 온라인상에서 현금과 유사한 형태의 지급결제를 할 수 있는 비트골드라고 불리는 디지털 통화를 고안해 냈다. 그 후 꽤나 시간이 지난 2008년에 '사토시 나카모토'라는 필명으로 '비트코인 P2P 전자 현금 시스템'이라는 제목의 짧은 논문을 인터넷에 공개했다. 논문에는 중앙 서버 없이 개인 간의 P2P 네트워크로 유지되는 혁신적인 화폐 시스템에 대한 구상과 구현 방법을 담고 있었다.

그리고 드디어 2009년, 사토시 나카모토는 세계 최초로 블록체인 기반의 디지털 암호화폐를 세상에 출현시켰다. 짧지 않은 훗날 이것이 세상을 바꾸게 되리라 짐작했었는지는 알 수 없지만 말이다.

4차 산업혁명, 블록체인이 이끈다

블록체인이란?

블록체인blockchain이란 블록block을 잇따라 연결chain한 것이다. 쉽게 풀어 설명하자면 어릴 때 가지고 놀던 장난감 블록을 떠올리면 수월하다. 네모난 각각의 블록을 하나씩 쌓아서 집 모양도 만들고 기차도 만들어 봤을 터이다. 그 각각의 블록들을 자전거 체인처럼 서로 엮어서 분리될 수 없도록 고리처럼 연결된 모양이라 해서 블록체인이라고 한다.

그 각각의 블록에는 일정 시간 동안에 주고받은 거래내역이 담긴 데이터가 담겨 있는데 모든 사용자는 블록체인의 사본을 가지고 있으며 그중 과반수가 넘는 사용자가 동의한 거래내역만 진짜로 인정하고 영구적으로 보관할 블록으로 묶어서 앞선 블록 뒤에 나중에 발생된 블록이 연결되게 된다.

블록체인은 디지털 거래내역을 기록하기 위해 개발된 분산형

데이터베이스 기술이다. 은행은 중앙 서버에 거래기록을 데이터화해서 보관하고 그것에 대해 책임지는 것이라면 블록체인은 중앙에서 책임지고 관리하는 시스템이 전혀 아니다.

거래에 참여하는 모든 사람들이 새로운 거래가 발생할 때마다 분산된 컴퓨터 네트워크에서 개인 장부들을 서로 대조하여 데이터를 증명하는 식으로 공유하기 때문에 장부조작이 아예 불가능할 뿐만 아니라 해킹을 원천적으로 방지할 수 있는 강력한 보안 유지 시스템이 갖추어진 기술이다.

이 블록체인은 대표적인 암호화폐인 비트코인에 처음 적용되었는데 비트코인을 거래하는 누구나 열람할 수 있는 장부에 거래내역이 투명하게 자동으로 기록되고 비트코인을 사용하는 여러 컴퓨터가 10분에 한 번씩 기록을 검증하여 해킹을 막는다.

만약 누군가 비트코인 거래를 해킹하려면 네트워크에 분산된 수천 혹은 수만 대의 컴퓨터에 동시에 접속하여 그것도 10분 내에 접속된 모든 컴퓨터의 서버를 수정할 수 있어야 해킹을 성공할 수가 있다. 이론상으로는 가능할지 모르나 현실적으로 해킹은 원천적으로 불가능한 것이라고 볼 수 있다. 아직 비트코인 체계 자체를 해킹한 사례는 없고 다만 거래소를 해킹하여 비트코인을 탈취한 사례는 여러 건 발생했다.

블록체인 참여자를 '노드'라고 하고 노드에 기록된 정보저장소는 '장부'라고 한다. 블록체인의 이러한 운영방식은 사용자에게 위변조가 절대로 불가능하다는 신뢰를 주어 전 세계로 비트코인 거래자가 확산하여가고 있다.

이 블록체인기술이 개발되자 블록체인이라는 신기술이 모든 컴퓨터 전산 거래와 데이터베이스에 적용 가능하다는 것을 알게 되었고, 블록체인기술을 4차 산업혁명의 핵심이라고 할 수 있는 IoT 사물 인터넷기술에 적용하였다. 블록체인이야말로 4차 산업혁명의 핵심 기술이 되는 것이다.

만약 무인 자동차를 고속으로 운행하고 있을 때 해커가 무인자동차의 서버를 해킹해서 데이터를 변경하고 자율 주행 자동차의 주행경로를 변경한다거나 핸들을 마음대로 조작한다면 이는 대형사고와 직결된다. 해킹이 불가능한 블록체인기술이 사물 인터넷에 적용되어 4차 산업 전반에 새바람을 일으키는 주요 기술이 되는 이유다. 블록체인기술은 간편 결제 시스템뿐 아니라 미래 산업 전반에 혁신을 가져다주고 인류의 생활환경을 보다 간편하고 안전하고 편리하게 이끌어주는 핵심 기술이 되는 것이다.

돈의 역사를 알면
비트코인이 보인다

돈의 역사를 알면 비트코인이 보인다

물물교환에서 금을 사용하기까지

화폐가 처음부터 부의 상징이 된 것은 아니었다. 고대로부터 화폐라는 개념이 없을 때 초기에는 물물교환이 거래의 수단이 되었다. 우리가 학교에서 배웠듯이 화폐가 없던 시절에 사람들은 자기가 가지고 있는 물건을 필요한 물건과 서로 맞바꾸는 물물 교환을 해왔다.

그러나 때때마다 무겁고 부피가 큰 물건을 가지고 다니는 것이 여간 불편한 것이 아니었을 테고, 그래서 사람들은 카카오콩, 조개껍데기, 소금이나 쌀 등 신뢰가 가능한 물건을 교환의 단위로 사용하기 시작했고 철이 생산되면서부터는 엽전을 만들어 사용하기 시작했다. 이렇게 교환을 편리하게 하기 위해 만들어진 것이 화폐이고 5,000년 동안 진화와 발전을 거듭해 왔다.

　세계 각국의 화폐 발전상을 둘러보자. 기원전 약 3,000년경 수메르인들은 보리를 화폐의 단위로 사용했다. 보리 약 1리터가 '1실라'였다고 한다. 멕시코 지역인 고대 아즈텍 문명에서는 작고 가벼운 카카오콩을 이용하여 물물교환을 하기 시작했다.

　메소포타미아에서는 은으로 된 세겔을 사용했다. 세겔은 '무게를 달다.'라는 뜻에서 유래한 말로서 팔레스타인을 비롯한 중동지역의 무게 단위이며, 훗날 화폐단위로 통용되었다. 성경 창세기에 '약대가 마시기를 다하매 그가 반 세겔 중 금 고리 한 개와 열 세겔 중 금 소녹고리 한 쌍을 그에게 주며…'라는 기록이 있는데 세겔의 가치를 오늘날의 단위로 환산해보면 1세겔은 대략 11.4g으로 추정된다.

　중국 춘추 전국 시대에는 철기가 처음 사용되면서 철로 칼 모양이나 농기구 모양을 만들어서 화폐의 단위로 사용했다. 원나라 때에는 외국 상인이 중국으로 올 때 가지고 온 금이나 은을 무겁게 들고 다닐 수 없어서 황제의 직인이 찍힌 종이로 바꾸어서 사용하도록 했고 자기 나라로 되돌아갈 때는 금이나 은으로 다시 바꾸어 주었는데 그 황제의 직인 찍힌 종이가 중국 화폐의 시초가 되었으며 지금으로 보면 일종의 수표 역할을 했다고도 할 수 있겠다.

　지금의 터키 지역인 리디아에서는 사자 머리가 새겨진 귀금속 동전을 제조해서 사용했다. 동서양에 걸쳐 넓은 영토를 차지했던 로마제국은 황제의 얼굴이 새겨진 금화나 은화를 사용했다. 14세기 이탈리아의 '피렌체이'에서는 긴 탁자를 놓고 돈을 빌려주거나 맡아 주는 사람들이 생겨났고 이 탁자를 반코Banco라고 불렀는데 이 말이 훗날에 은행을 뜻하는 뱅크Bank가 되었다.

로마제국의 땅이었던 체코에서 만들어진 동전을 요아힘스탈러 굴덴이라고 불렀는데 독일 사람들이 발음하기에 너무 길고 어려워서 '탈러'라고 줄여서 발음하기 시작했고 이것이 달러의 유래가 되었다고 한다.

제1차 세계대전 후에 베르사유 조약에서 연합국들은 독일에 1,320억 마르크를 배상금으로 내도록 하자 독일은 돈을 무분별하게 찍어냈고 3개월 만에 물가가 35배 이상 치솟아 나중에는 1조 배까지 올랐다. 돈은 쓸모가 없어졌고 정부는 기업에게 497,000,000,000,000,000,000 마르크를 대출해 주었다. 이것을 '0'의 충격이라고 불렀다.

1923년 독일에서 발행된 1조 마르크짜리 주화

우리나라의 경우 돈에 관한 최초의 기록은 일찍이 고조선에서 '자모전'이라는 동전을 사용했다는 기록이 있고, 고려 초기인 996년**성종 15년**에 철을 이용한 주전 즉, 쇠를 녹여서 만든 엽전을 만들어서 유통하였다. 그 후에 해동통보, 삼한중보 등으로 주조되어 유통하였던 기록이 있다. 엽전을 마음대로 찍어내던 시절이었으니 시중에는 가짜 엽전도 많이 나돌았고 그러다 보니 신뢰하지 못할 엽전보다는 오히려 믿을 만한 사람이 써준 한 장의 어음이 더 가치가 있던 시절도 있었다.

그러다가 그 성분이 변하지 않는 금을 발견하게 되었고 금이 물물교환의 매개체 역할을 하기 시작했다. 처음에는 금을 일일이 저울에 달아서 쓰다가 일정한 무게만큼 동그랗게 만들어서 저울로 그 무게를 달지 않아도 서로 믿을 수 있는 교환의 단위로 만들어 사용하기 시작했고 그것이 화폐의 기초가 될 수 있었다.

금을 제련하는 기술이 발달하면서 연금술사들이 활개를 치기 시작했고 금화가 인기 있다 보니 구리 등 타 금속을 넣어서 만든 가짜 금화가 시장을 어지럽히기도 했다. 금이 화폐의 기능을 하며 편리함을 주는 한편으로 많은 양의 금, 은 또는 금화를 보관하는 일이 쉽지 않게 되었다. 그래서 보관료를 받고 금을 보관하던 곳이 생겨나게 되었고 사람들은 금을 맡긴 보관증을 가지고 있으면 되었다. 그 보관료가 현재의 금리가 되는 시초가 된 것은 물론이다.

금 보관소는 철저한 보안으로 무장한 사람들이 지키는 곳이 되었으며 금을 맡기고 보관증을 가진 고객은 자신이 맡긴 금이 안전하게 보관되고 있는지 확인하기 위하여 금 보관소를 자주 찾았다. 그러나 보관소가 안전한 역할을 잘 해주자 금을 맡긴 사람들은 일일이 금 보관소를 찾아가서 확인하는 횟수가 줄어들게 되었고 금 보관증이 지금의 유가증권 형태로 보증을 해주는 역할을 했으며, 이후에는 금 보관증으로 거래를 하게 되었고 그것이 화폐의 단위가 되기 시작했다.

그때부터 사람들은 무거운 금을 들고 다니지 않아도 되었다. 휴대하기 편한 금 보관증을 담보로 필요한 것을 구매할 수가 있게 된 것이다. 사람들은 이 보관증이 금과 같은 가치를 지닌다는 것을 믿게 되고 이 보관증이 서서히 지폐의 역할을 하게 되었다.

한편으로 금 보관소 입장에서는 고객들이 맡긴 금을 찾아가는 비율이 작아지다 보니 보관된 막대한 금을 활용할 방안을 찾게 된다. 이자를 받고 금을 빌려주기 시작한 것이다. 다른 사람이 맡긴 금을 가지고 이자놀이를 시작하게 되고 이것이 은행의 시초가 되었다.

욕망의 억제, 달러 본위제

기축통화인 달러에 대한 적절한 대안이 필요함을 누구나 알고 있다. 한국전쟁, 베트남 전쟁으로 인한 미국의 재정지출 증가는 금본위제를 유지할 수 없게 만들었다. 돈은 찍어내고 싶은데 그만큼의 금을 확보할 수가 없었기 때문이다. 이후 미국의 닉슨 대통령은 1971년에 금 태환 중지를 선언했는데 이는 사실상 브레튼 우즈 체제의 붕괴를 의미한다.

그 이전까지만 해도 미국의 달러화를 보유한 다른 나라의 중앙은행이 달러를 금으로 바꿔줄 것을 요구하면 당연히 바꾸어 주어야 했다. 금으로 바꾸어 줄 가치를 상실한 달러는 사실 종이쪽에 불과하다. 그러나 달러가 아무 가치가 없는 휴짓조각이 되는 것을 원하는 나라는 없다.

금본위제 정책 붕괴 후에 달러화 가치가 불안해지자 선진국들은 고정환율제를 포기하고 변동환율제를 채택했는데 이로 인해 외환 시장 규모가 확대되고 자본 자유화와 금융 자유화가 촉진되었다. 1976년 금본위제가 달러 본위제로의 변경되고 준비자산으로서의 국제 기축통화의 위상을 굳히게 되었다.

금융 자유화 이후에도 미국의 재정적자는 계속되었다. 세계 경제는 미국과의 무역에서 흑자를 내온 일본과 독일이 미국의 경상수지 적자를 자본투자로 메워줘서 불안정한 균형을 유지해왔다. 이후 등장한 신흥 강국인 중국이 일본과 독일 대신 미국의 적자를 메워주던 역할을 대신했다.

달러화 남발로 인한 버블은 2007년 서브프라임 모기지론 사태를 불러왔고 이어 2008년 리먼브라더스의 파산으로 촉발된 미국발 세계 경제 위기는 미국의 적자 누적이 가져온 버블 경제 붕괴를 불러왔다. 일반적인 국가라면 이러한 부실을 해결하기 위해서 강력한 통화 긴축정책이 불가피할 텐데 오히려 미국은 양적 완화를 통해 달러를 거의 무제한으로 찍어서 풀었다.

1997년 동아시아 외환위기 때 미국이 IMF를 앞세워 한국에 강요했던 초긴축 정책과는 정반대의 조치이다. 이는 기축통화국인 미국이 가지고 있는 특권이다. 이른바 세뇨리지화폐를 만드는 비용을 제외한 나머지 명목 가치로 다른 나라의 물건을 구매하는 것 효과를 누리는 것이다.

일반적으로 재정수지 적자가 누적되면 화폐의 가치는 떨어지게 되는데 미국은 세계 최대의 재정수지 적자 국가이면서도 건재하기만 할 뿐 아니라 오히려 적자가 누적되어 돈이 필요할 때면 엄청난 달러를 찍어서 시중에 풀어도 달러의 가치는 떨어질 줄을 모른다.

미국 연방준비위원회에서 6년 동안 세 차례에 걸쳐 찍어낸 돈이 약 4조 달러에 이른다. 한화로 환산하면 무려 4천 조가 넘는 돈을 마구 찍어 낸 것이다. 미국 연방정부의 2016년 회계연도의 재정적자 규모는 5,900억 달러한화로 약 659조 원에 달한다. 현재의 재정 구도가 그대로 유지된다면 2024년에는 연방정부 적자가 1조 달러를 돌파할 것이라고 예상된다.

달러의 모국은 최대 채무국

미국은 1970년대 후반부터 현재까지 재정 흑자를 낸 적이 없다. 오히려 지속적으로 적자가 확대되고 있다. 그럼에도 불구하고 세계 초강대국 위치를 지키고 있다. 이러한 불공정이 변화를 갈망하는 이유다. 세계 경제가 불안할수록 사람들은 안전 자산이 달러라고 믿고 있다. 달러 가치가 떨어지고 미국 경제가 어려워질수록 대미 의존도가 높은 대다수의 국가 경제가 먼저 타격을 받기 때문에 달러 가치가 떨어지는 것을 상대 국가들이 원하지 않는 구조가 반복되는 것이다.

미국은 전후 유럽 경제의 부흥지원과 베트남 전쟁 수행, 동서냉전 체제하의 군사비 지출로 막대한 적자를 내고 있었다. 이럴 때마다 달러를 마구 찍어냄으로 인해 미국의 금 보유고는 50% 이하로 떨어졌고 달러를 보유한 국가들이 달러를 금으로 바꿔줄 것을 요구하기 시작했다. 결국 리처드 닉슨 대통령은 금 태환 정지를 선언하기에 이른 것이다.

거대한 금융권력의 탄생

우리나라 중앙은행은 공공기관으로서 철저하게 공익을 우선해서 운영되고 있다. 그런데 미연방준비은행FRB은 공공기관이 아닌 민간기관이다. 즉, 이자를 받는 민간은행이라는 얘기다. 만약 대한민국의 화폐를 발행하는 한국은행이 공공기관이 아니고 이를테면 하나은행, 농협, 신한은행, 국민은행 같은 거대 금융기관들이 주축이 된 민간기관이라고 가정해 보자.

정부가 화폐를 필요로 할 때면 하나은행, 농협, 신한은행, 국민은행 같은 민간기업이 대주주인 한국은행에 이자를 주고 돈을 찍어낸다. 예를 들어 100억 원의 화폐를 찍어내면 정부는 한국은행에 이자로 1년에 1억 원을 지불해야 한다. 이러한 이자 부담은 고스란히 국민의 세금으로 전가된다. 말도 안 되는 소설 같은 얘기라고 웃어넘길 것이다.

그런데 우리가 쉽게 납득하지 못하는 구조가 세계 최고 경제 대국인 미국에서 지금까지 벌어지고 있는 현실이라는 사실이다. 오랜 기간 연방준비은행의 소유권이 누구에게 있는지는 제대로 알려지지 않았다. 물론 연방준비은행 측도 밝히기를 꺼린다. 그런데 얼마 전 멀린스라는 사람이 오랜 기간 연구 끝에 '미연방준비은행의 비밀'이라는 제목으로 미연방준비은행의 실체를 폭로하여 세간의 이목을 집중시킨 적이 있다.

너무나 충격적인 그 책의 내용에는 미연방준비은행의 지분구성 관련 내용이 담겨 있다. 미연방준비은행 시스템을 실질적으로 관장하는 곳은 연방준비은행 뉴욕은행이라고 하는데, 이 은행이 1914년 5월 19일 통화감사원에 보고한 문건에는 그들의 주식 발행량과 지분구조를 자세히 밝혔고 그 구체적인 내용을 살펴보면 다음과 같다.

그들이 발행한 주식은 총 203,053주로서, 록펠러와 쿤롭사의 뉴욕 내셔널시티은행이 3만 주로 가장 많은 지분 보유하고 있었고, JP모건의 퍼스트내셔널은행이 1만5,000주를 보유하고 있었는데 이들 두 은행의 합병으로 시티은행이 탄생했다. 그때가 1955년이었고 이들이 소유한 연방준비은행 뉴욕은행의 지분이 거의 4분의 1에 달했다고 한다.

다음으로 뉴욕내셔널 상업은행이 2만1,000주 보유하고 있으며, 로스차일드 가문이 이사로 있는 하노버은행이 1만200주, 체이스은행이 6,000주, 케미컬은행이 6,000주, 이렇게 해서 위의 총 6개 은행이 연방준비은행 뉴욕은행의 지분을 무려 40%나 보유했다고 한다.

이후 이들은 각자의 지분 조정을 거쳐 시티은행 15%, 체이스맨허튼은행 14%, 모건신탁 9%, 하노버은행 7%, 케미컬은행 8%로 확정되었다. 이렇게 하여 1983년 이들의 지분은 53%로 늘어났다. 일국의 화폐를 찍어내는 연방준비은행이 어이없게도 이런 식으로 민간은행들의 통제 아래 있다는 사실은 실로 놀랄 만한 일이 아닐 수 없다.

미연방준비은행은 어떻게 미국을 지배하나

미연방준비은행법은 국민의 의사와는 전혀 무관하게 철저하게 금융자본가의 이익에 맞춰진 법이다. 그러면 구체적으로 연방준비은행이 어떤 방식으로 달러를 발행하는지, 그리고 그것이 어떻게 국민에게는 피해가 가고 금융자본가의 배만 불러주는지를 들여다보자.

이 얘기를 하기 위해서는 우선 '지급준비금' 제도를 알아둘 필요가 있다. 은행이 보유한 저축액의 10% 정도만 은행에 남겨 놓아도 되는 것이 지급준비금 제도이다. 일반적으로 은행에 저축한 사람들이 같은 시간에 한꺼번에 돈을 찾아가지 않는다는 경험적인 사실을 기초로 10% 정도만을 지급준비금으로 보유하고 나머지 돈은 대출을 해서 이자 수익을 얻는다.

그런데 지급준비금 제도에 대해서 단순히 이런 식으로 생각하는 사람들이 많다. 예컨대 은행에 누군가가 1억 원을 예금했다면 은행은 지급준비금으로 1,000만 원을 보유하고 나머지 9,000만 원을 대출 용도로 쓴다는 정도로 말이다.

그런데 실상은 전혀 다르다. 은행이 1,000만 원을 보유하고 9,000만 원을 누군가에게 대출해줄 때 해당 대출자의 은행 통장에 넣어주는데, 대출자가 이 돈을 바로 찾아서 쓰지 않는 이상 이 돈 역시 지급준비금 10%를 제외하고 대출이 가능하다. 그래서 대출금이자 저축인 9,000만 원의 10%인 900만 원을 지불준비금으로 남기고 나머지 8,100만 원을 대출용으로 쓸 수 있다.

이런 식의 대출 과정을 여러 번 반복하면 사실상 1억 원의 예금을 지급준비금으로 그대로 남기고 저축을 그 10배인 10억 원까지 늘리는 것이 가능하다. 은행은 기존 저축액 1억 원뿐만 아니라 이 '가공의' 돈 9억 원에 대해서도 꼬박꼬박 이자를 챙긴다. 그야말로 '돈 놓고 돈 먹기', 아니 '돈 만들어 돈 먹기'라 할 수 있는 기막힌 장사다.

앞서 밝혔던 것처럼 미국 정부에는 화폐 발행권이 없다. 단지 채무 발행권이 있을 뿐이다. 무슨 얘기냐 하면 돈을 찍어낼 권리는 없고 빚 문서, 즉 채권을 발행할 권리만 있다는 얘기다. 그래서 정부의 국채로 연방준비은행에 담보를 제공하고 연방준비은행 및 상업은행 시스템을 통해야만 화폐를 발행할 수 있다. 그래서 미국 달러는 근본이 국채, 즉 국가의 빚인 것이다.

이것은 결과적으로 국민이 미래에 낼 세금을 사실상 민간은행이 통제하는 연방준비은행에 담보로 잡혀서 돈을 꾸어오는 격이다. 당연히 담보로 잡힌 채권에 대해 꼬박꼬박 지급하는 이자도 국민의 세금으로 낸다. 참으로 무서운 세상이 아닐 수 없다. 민간은행의 금융 자본가들이 국가의 화폐 발행권을 장악하고 자신의 이익을 위해 사용한다니. 게다가 대부분의 사람들이 이런 일이 벌어지고 있는 사실조차 모르고 있다.

이에 분노한 미국 국민들은 "월가를 점령하라Occupy Wall Street!" 라는 구호를 내세우며 전례 없는 대규모 시위를 벌였다. 그리고 이 시위대에서 민간기관인 연방준비은행을 국유화하라는 요구가 나오고 있다고 한다. 더 많은 미국 국민들이 국가의 화폐 발행권조차 사익을 위해 사용하는 금융 자본가들에게 'NO!'라고 외치기 시작한 것이다.

화폐는 교환가치다

인류는 왜 돈에 웃고 돈에 울게 되었는가? 고대 메소포타미아에서부터 현대 금융까지 돈의 번영은 인간의 번영이었다. 금융의 막대한 힘은 우리의 삶에 막강한 영향력을 미친다. 금융위기라고 하면서도 전 세계에 풀어지는 돈의 양은 실로 상상을 초월할 정도로 어마어마하다. 미국이 한 해에 푸는 돈의 양만 하더라도 7조 7천억 달러나 된다.

돈이 없는 세상은 어떨까? 약 500년 전 잉카제국은 돈의 개념 자체가 없었다. 잉카인들은 왜 유럽 사람들이 금과 은에 그토록 열광하는지 이해할 수 없었다. 잉카인들에게 금과 은은 몸을 화려하게 장식하는 장신구 정도에 불과하였는데 유럽인들이 금과 은에 열광하고 금속 이상의 의미를 부여하는 것을 이해하지 못했던 것이다.

같은 금속을 두고 유럽인들에게는 금과 은이 곧 돈이 되는 것이고 계산의 단위였으며 가치의 교환과 휴대할 수 있는 권력이었던 반면, 잉카인들에게는 신분에 따라 화려하게 장식하는 도구에 불과했던 것이다. 이렇듯 돈은 그 교환 가치만큼만 값어치가 있다는 사실이다.

만약 금이라는 금속이 땅에서 무한정 쏟아져 나오는 흔한 금속이었다면 지금처럼 귀한 대접을 받지 못했을 것이다. 돈도 이와 마찬가지로 무한정 찍어내는 것이라면 값어치는 없다. 즉 희소성의 가치다. 우리가 비트코인에 주목해야 하는 이유다. 과거 농경시대에서는 수확한 노동력을 곡식과 바꿀 수 있었고 소금 광산에서는 노동력의 대가로 소금을 지불받았다. 그렇게 받은 곡식과 소금을 그 가치만큼 서로 맞바꾸는 것, 그것이 우리가 배웠던 물물 교환이다. 영국의 50파운드짜리 지폐를 살펴보면 눈에 익은 문구가 들어온다.

'I Promise To Pay The Bearer On Demand The sum of Fifty Pounds 소비자의 요구 시 50파운드를 지불할 것을 약속한다.'

이것이 바로 우리가 돈으로 알고 있는 지폐의 의미를 가장 적절하게 표현한 문구이다. '교환의 가치' 그 이상도 이하도 아닌 것이 돈이다. 노동력을 제공하고 과거처럼 물건이나 곡식으로 받지 않고 종이뭉치를 받는다는 것은 돈의 가치를 믿기 때문이다. 미화 10달러짜리 뒷면에는 'In God we Trust 하나님을 믿고 의지한다.'라고 쓰여 있다.

달러는 찍어내도 가치는 변하지 않는다

달러를 발행하는 방식을 살펴보자. 금본위제일 때는 금이 있는 만큼의 화폐를 만들어 내어서 화폐의 가치를 유지했었다. 그러나 달러가 기축통화가 되고 나서는 금이 없어도 달러를 마구 찍어낼 수 있게 되었다.

그러면 달러를 발행하는 방식을 살펴보자. 미국이 달러를 발행하는 방식은 미 연방준비위원회FRB가 달러를 찍어낸다. 미국 재무부가 국채를 발행하고 민간 회사들이 발행한 채권을 사들이려면 달러가 필요하게 된다. 그 채권을 연준에 맡기고 연준이 발행한 달러를 이자를 주고 받아오는 것이다.

그 달러는 어디로 갈까? 상당수가 미국과 무역을 하는 나라들로 흘러간다. 그 나라들은 제일 안전하면서도 이자를 많이 안 주는 미국 국채를 산다. 돈이 필요한 미국 정부는 이렇게 또 국채 발행을 통해서 돈을 조달한다. 이렇게 반복해서 달러를 발행하면 되는 것이다.

미국의 경상수지 적자를 다른 나라들이 자본투자를 통해 메꿔주는 식이다. 이렇게 달러를 풀면 달러 가치가 하락하면서 미국 경제가 흔들려야 하는데, 경제가 어려워질수록 달러나 미국 국채를 찾는 나라들이 늘어서 오히려 달러 값이 오르게 된다. 이를 통해 미국 경제가 유지되는데, 정작 달러의 유동성이 커지면서 신흥국에서 갑자기 달러가 빠져나가면 그 나라 화폐가치는 폭락하고 경제가 송두리째 흔들린다. 달러는 미국이 푸는데 부작용은 늘 신흥국이나 다른 국가들이 떠안게 되는 것이다.

미국, 달러 패권에서 멀어지다

2차 대전 이후 미국의 패권을 지탱하던 핵 독점 체제는 붕괴하였으며 미국경제를 떠받치던 달러 경제체제는 2008년 경제위기 국면에서 결정적 타격을 입었다. 미국의 경제위기는 그 주기가 현저히 짧아지고 있다. 이로 인해 공황과 불경기 국면이 오래 지속되고 경제지표는 크게 나아지지 않고 있다. 경제의 호황국면이 희미해지면서 실업률은 늘고 경제위기가 지속되는 가운데 사람들은 미래를 걱정하고 있으며, 빈부의 격차도 날로 늘어나고 있다.

이럴 때 미국은 손쉽게 양적완화라는 통화팽창정책에 기대어 사태가 공황적 국면으로 악화되는 상황을 간신히 막아내고 있다. 그러나 양적완화가 장기간 지속될수록, 양적완화의 규모는 점점 더 큰 문제가 되고 있다. 오바마 행정부가 2013년 발표했던 3차 양적완화 조치는 연간 1조 200억 달러 규모로 미국의 2014년 정부지출 규모를 능가하는 수치이다. 결국 미국경제는 매월 850억 달러를 공급해야만 달러의 국제신용을 유지할 수 있는 반신불수 경제인 것이다.

막대한 양의 달러를 찍어서 남발하면 달러의 국제신용이 내려가고 국제적으로도 영향력이 양화된다. 결국 현 달러 경제체제의 핵심문제는 실물경제와 금융경제의 불균형이 극심하다는 것이다. 이에 세계 각국은 달러를 대신할 무역결제 통화를 모색하고 있다. 중국의 위안화와 일본의 엔화가 그 자리를 대체할 것 같지는 않다. 중국은 경제의 불확실성을 늘 안고 있고, 일본 정부의 만성적인 적자 규모 또한 불안하기는 매한가지다.

이런 가운데 미국의 국방비는 여전히 세계 최대 규모로 미 연방정부 예산에 가장 큰 부담을 주고 있다. 미국이 계속 비대한 군사비 지출을 고집하는 이상, 미국경제의 패권상실은 피할 수 없게 되어 있다. 미국의 몰락을 예상하는 또 하나의 이유는 미국인들의 공동번영이 아니라 극소수 부유층들에게만 선사된 제한적 번영이다. 미국 국민 7명 가운데 1명이 빈곤층이라는 뜻이다. 새로운 백악관의 주인 트럼프 대통령의 미국 우선주의 정책선언과 돌발적인 백인 우월주의 성향 또한 우려의 목소리를 자아내고 있다.

미국의 최근 경제실적은 송두리째 부유층의 차지로 돌아가고 있다. 노벨 경제학상을 수상한 로버트 쉴러**Robert Shiller** 예일대 교수는 "현재의 불평등이 우리가 오늘 당면하고 있는 가장 큰 문제이다."라고 지적했다. 미국은 세계 제1의 마약소비시장이고 세계 제1의 포르노 생산시장이며 또한 최대의 소비시장이다. 미국 캘리포니아주에서는 전 세계 유통 포르노의 80%가 제작, 유통되고 있다고 한다.

이보다 더욱 심각한 문제는 일상화되어가고 있는 마약이다. 유엔 마약감시 기구인 국제마약 통제위원회는 2016년도 연례보고서를 통해 미국 마약중독자 비율이 미국인구의 8.7%인 2,600만 명에 달한다고 지적한 바 있다. 드러나지 않는 가운데 미국의 마약 사용자는 점점 더 늘어나고 있으며 이들이 자신도 모르는 사이에 중독자 대열에 들어가고 있다는 사실이다.

새로운 돈의 시대가 열렸다

New Gold 시대가 열렸다는 의미는 금이 기축통화 역할을 했었던 것처럼 암호화폐가 미래시대에 금을 대체하는 기축통화 역할을 하게 되었다는 뜻이라고 앞에서 밝혔다. 비트코인이 수많은 알트코인들을 이끌어가는 대장역할을 한다는 것은 그 누구도 부정할 수 없이 기정사실화되어 있다.

그 뒤를 이더리움이 비트코인이 채우지 못하는 다양한 역할을 하면서 알트코인의 대장이 되었다. 이미 1,300개가 넘는 코인들이 거래소에 올라 있지만 거래소에 상장도 못 하고 대기하고 있는 코인만도 수천 종류가 넘는다. 앞으로 수만 종류의 코인들이 개발될 것이고 또 사라질 것이다.

국가 간의 화폐도 해당 국가의 경제력과 군사력 그리고 GDP 등에 따라 화폐가치가 달라진다. 그리스처럼 국가 모라티움이 선포되면 그리스의 화폐가치가 곤두박질치는 것처럼 앞으로 모든 암호화폐도 그 가치에 따라 움직이게 된다. 많은 사람들이 비트코인을 갖고 싶어 혈안이 될 정도면 비트코인 값은 부르는 게 값일 것이고 이더리움이 스마트컨트랙 기능을 100% 활용해서 전 세계에서 상용화되면 이더리움의 가치도 지금보다 몇십 배가 될는지 알 수가 없다.

많은 금융기관이 간편하고 저렴한 비용으로 송금체계를 갖춘 리플의 블록체인을 사용하게 된다면, 현재 동전 가격에 머물고 있는 리플코인의 가치가 일반 지폐가치를 뛰어넘을 수도 있는 것이다. 이처럼 앞으로 상용화될 모든 코인들은 자신의 가치를 어떻게 어필하고 사용자들의 기대감을 충족시켜 나갈 것인가에 따라 시장에서 그 가치를 냉정하게 평가받게 될 것이다.

이제는 새로운 디지털화폐의 물물교환시대가 도래한 것이다. 스포츠 선수의 경우 자신의 포지션에서 능력을 인정받은 가치만큼 스카우트 금액이 달라지는 것이고 열심히 공부해서 스펙을 쌓고 해당 분야에서 남다른 능력을 인정받게 되면 해당 산업계에서의 스카우트 순위가 바뀌는 것처럼, 모든 코인들이 개발된 목적에 충실하게 적용되어 시장에서 인정받는 가치만큼 교환이 되는 시대, 이것이 IoT와 AI시대에 결제시스템으로서의 암호화폐가 갖는 최대의 가치다.

엄밀하게 말하면 지금까지 우리는 인적, 물적 모든 자원을 해당 가치만큼 평가하고 필요에 따라 서로 물물교환을 해왔다. 다만 그 교환의 중간 매개역할을 국가가 발행하고 인정한 화폐에 의존했다는 차이가 있을 뿐이다. 그리고 이제는 그 매개역할을 정부통제권에서 벗어난 일반 개인과 사용자들의 역할에 맡겼다는 것일 뿐이다.

암호화폐의 과도기적 시대에 당분간의 혼란은 있겠으나 다른 한편으로는 관련 산업의 폭발적인 성장이 기대된다. 다만 현 시점에서 정부가 어떻게 암호화폐를 바라보고 대처하는가에 따라 미래 산업의 주도권을 갖느냐 따라가느냐 이도 저도 아니면 비켜서서 바라만 보게 될 것이냐 하는 것이다.

4차 산업혁명을
이끌 암호화폐

4차 산업혁명을 이끌 암호화폐

1, 2, 3차 산업혁명 어떻게 시작했나

1차 산업혁명

18세기 중반부터 19세기 초반까지 영국에서 시작된 기술의 혁신과 이로 인해 일어난 사회 경제적인 큰 변화를 말하며, 세계 근대화의 촉매가 된 시기를 말한다. 정치적으로는 봉건제도가 해체되었고 왕족과 귀족 지배체제가 무너졌으며, 경제구조의 혁명적 변화를 가져와서 자유주의 경제체제로 변화되어 갔다.

산업혁명 기간에는 무수히 많은 기계가 발명되었는데 와트는 증기 기관을 개량해서 대량생산을 시작했으며 이를 산업혁명의 출발점으로 보고 있다. 이때부터 기계는 생산을 지탱하는 중요한 역할을 담당해 왔다. 산업혁명이란 용어는 1844년 프리드리히 엥겔스가 처음 사용하였고 아놀드 토인비가 좀 더 구체화했다.

급격한 산업화로 인해 농업, 임업, 축산업의 혁신이 일어났다. 농촌 인구의 대부분이 도시로 쏠리는 현상이 나타났으며 이로 인해 도시 인구의 폭발적인 증가세를 보였다. 이 시기에 미국의 독립전쟁이 일어났으며, 프랑스 나폴레옹 전쟁과 서인도 전쟁 등, 식민지 쟁탈과 같은 국지적이고 지속적인 전쟁들이 있었다.

2차 산업혁명

2차 산업혁명은 경공업, 중공업, 건설업, 중화학공업을 지칭하며 전력과 조립라인을 통한 대량 생산 산업시대를 말한다. 산업혁명의 두 번째 단계를 구분하기 위해서 사용된 사회경제적 용어이며 일반적인 연대는 1865년부터 1900년대까지로 정의된다.

철도와 증기선이 발달되었으며, 미국에서는 토마스 에디슨의 전기 발명으로 화학, 석유 및 철강분야에서 놀라운 기술 혁신이 이루어진 시기이다. 이 시기에 인쇄기술이 발달했으며, 성경을 비롯한 지식의 보급이 전 세계로 확산될 수 있었다. 19세기 말에는 루돌프 디젤에 의해 디젤엔진이 발명되어 산업화가 촉진되는 계기를 마련하기도 했다.

1차 산업혁명을 통해 철도산업이 융성해지자 1868년 존D. 록펠러는 미국 전역에 휘발유 주유소를 설치하여 석유의 생산 유통, 판매까지 미국 내 석유사업 대부분을 장악했던 시기이기도 하다. 석유산업과 자동차 산업, 철도 산업이 한창일 무렵인 1876년 알렉산더 그레힘 벨은 전화기를 발명했다.

인류사에 없었어도 될 제1, 2차 세계대전도 이 시기에 일어났다. 2차 산업혁명을 거치면서 급격한 산업화를 이룬 유럽의 여러 나라들은 제국주의 정책을 펴면서 서로 더 많은 영토를 확장하고 식민지를 차지하기 위하여 치열한 경쟁을 벌였는데 1914년 발칸반도에서 시작된 전쟁이 제1차 세계대전으로 번졌던 것이다.

패전국이 된 독일은 엄청난 전쟁 배상금을 물게 됨에 따라 경제적 위기를 초래했다. 대공황을 거친 독일은 히틀러가 정권을 잡자 재무장을 하게 되고 1939년에 이탈리아, 일본과 동맹을 맺은 독일은 영국, 프랑스, 미국, 소련 등을 중심으로 한 연합국과의 세계 규모의 전쟁을 또다시 벌이게 되는데 이는 지금까지의 인류 역사에서 가장 큰 인명과 재산 피해를 낳은 전쟁이 되었다.

3차 산업혁명

아날로그 전자 및 기계장치에서 현재 이용 가능한 디지털 기술에 이르는 기술의 발전 단계를 3차 산업혁명 시대라 말한다. 1980년대 시작된 이 시대는 현재도 계속되고 있다. 반도체를 기반으로 한 개인용 컴퓨터와 인터넷 정보공유시대가 도래한 시기이기도 하다. 첨단공학과 IT 산업발전 시대이며 인터넷과 데이터 관련 산업 등 미래 산업이 주도했으며, 자동화와 컴퓨터의 발달로 상업, 운송업, 관광업, 서비스업이 발달된 시기이다.

인터넷과 모바일, 소셜미디어, 모바일커머스, 공유경제, 온디멘드, 핀테크 산업이 활성화되어 소통을 극대화시키고 있다. 인공위성과 인터넷은 인류를 전 지구적 생활환경 속으로 들어갈 수 있도록 해주었다. 지구반대편의 소식을 실시간으로 접하면서 지구촌 인류가 하나의 생활문화권으로 들어가고 인종의 벽을 넘어 다문화 시대가 열렸다. 전 세계가 1일 생활 문화권으로 변모되어가고 있다.

모든 것의 전자화, 4차 산업혁명

4차 산업혁명을 얘기할 때 대표적으로 언급되는 핵심 기술이 몇 가지 있다. 블록체인, 양자암호, 사물인터넷IoT, 정보통신 기술ICT, 인공지능, 로봇공학, 드론, 무인 자동차, 3D 프린팅, 나노기술, 5G 초고속 이동통신 기술을 통한 증강현실 구현 등 3차 산업혁명의 바탕 위에 여러 분야의 경계가 허물어지고 융합되는 시대가 4차 산업혁명 시대이다. 개별적으로 존재했던 사물들이 네트워크망을 통해서 연결되고 상호 소통하는 지능형 기술이 구현되어 사물과 사물이 서로 소통하는 가상 물리시스템이 형성되는 것이다.

3D 프린터는 이미 간단한 부품제조를 시작으로 건물과 의약용

인조 피부까지 프린트하기 시작했다. 3D 프린터 보급이 확충되면 제조업이 약화되고, 관련 산업 또한 혁신에 혁신을 거듭하여 또 다른 혁신을 낳게 된다.

무인자동차가 일반화되면 운전면허를 따기 위해 애쓸 일이 없어진다. 운전기사는 저절로 없어질 것이다. 인공위성 위치 기반 솔루션은 자동차 충돌 제어시스템으로 교통사고를 없애줄 것이다. 관련된 보험이 소멸되는 것은 물론이다. 인간은 운전 조작 미숙과 피로누적 등으로 과실에 의한 교통사고가 대부분이지만 인공지능에 의지하는 자동운전은 인류를 교통사고로부터 해방시켜줄 것이다.

대부분의 단순 노동은 이미 로봇이 담당하기 시작했다. 그리고 교육과 의료영역까지 확산되고 있다. 미래는 굳이 통역이 없어도 세계 각국의 언어로 소통이 가능해진다. 이렇게 융합과 연결로 대표되는 4차 산업혁명 시대는 자율주행자동차, 가정용 로봇, 인공지능 기반의 의료기기 발달, 공공안전 및 보안에 대한 활용도가 높아지며 우리의 생활을 더욱 편리하고 윤택하게 해줄 것이다.

디지털 기기와 정보통신 기술의 개발은 제3차 산업혁명 과정까지만 해도 TV나 음향기기, 시계 등 아날로그적 기계 패러다임으로 제조되던 기기가 디지털 방식으로 만들어지고 컴퓨터 등 독립적 정보통신 기기를 활용한 정보 교류가 활성화되는 수준이었다. 4차 산업혁명이 3차 산업혁명과 다른 점은 디지털이 더 이상 독립적인 존재가 아니라 인간의 일상에 통합되는 존재로 바뀐다는 것이다. 눈에 보이지는 않지만, 생활 방식을 근본적으로 바꾸고 디지털 영역과 물리적 영역이 통합돼 새로운 시스템을 창출하게 된다.

모든 것이 전자화되고 전산화되었다. 데이터가 클라우드 기반으로 인터넷으로 연결되어 가상의 공간에서 모든 작업이 이루어지다 보니 해킹으로 인한 인위적 조작이 심각하게 대두되었고 보안이 가장 시급한 당면 과제가 되었다. 이러한 때에 완벽한 보안체계 시스템인 블록체인기술이 나타나게 되었고 전 세계가 열광하는 4차 산업혁명을 일으키는 주범이 되었다.

현재 블록체인기술이 4차 산업혁명을 앞당겼다면 앞으로 실현될 양자암호기술은 4차 산업혁명을 완성시킬 것이다. 양자암호시스템은 한층 더 강화된 디지털 보안기술이다. 해킹이 원천적으로 불가능하도록 기존의 블록체인 암호체계를 한 번 더 블록화시켜 2중으로 구현한 것이 양자암호 체계이다.

5차 산업혁명을 대비하는 사람의 전유물

4차 산업혁명의 문턱을 이제 막 넘어선 시기에 섣부른 학자들은 벌써 다가올 5차 산업혁명을 예고하고 있다. 우리 세대에 맞이하게 될 5차 산업혁명은 최첨단을 넘어선 기술력 덕분으로 국가 간의 경계를 뛰어넘는 것을 의미한다. 모바일과 인터넷의 발전으로 이미 나올 수 있는 기술들은 거의 다 나왔다는 견해다. 특정 정보를 갖고 있는 존재가 부각되기보다는 각 가치들을 기술적으로 연결하는 플랫폼을 소유한 쪽이 힘을 쥐는 시대가 될 것이다. 급변하는 가치 변화 시대에 깨어있는 정신이 필요하다.

알리바바 그룹의 창업주인 마윈은 다음과 같이 말했다. "오늘날의 신경제 아래에서 소위 좌절과 곤경은 당신에게 최고의 기회를 가져다준다." 그렇다. 100년 전 과거에도 언제나 시대는 급변했고 거기에 대처하는 준비하는 정신이 시대 변화를 주도했다. 지금의 급변하는 환경은 또 다른 기회임이 분명하다. 미리 5차 산업을 내다보고 준비하는 자세가 필요하다.

5차 산업혁명은 인공지능과 사물지능이 결합되어 나타나게 될 마지막 산업혁명이 될 것이다. 이후는 산업혁명이라는 의미 자체가 사라지는 시기이기 때문이다. 양자컴퓨터와 AGI ^{범용인공지능}의 결합, 나노^{nano}보다 작은 피코^{pico}센서가 차세대 반도체로 자리 잡고 궁극의 시너지를 내는 시점이 5차 산업혁명으로 가는 분기점이 된다.

5차 산업혁명에서는 기술기반보다는 인간 중심의 테크놀로지에 집중하는 시대다. 최첨단 기술력의 발달로 생활의 편리성은 갈수록 확대되고 사회복지 시스템은 보편화된다. 경제적 분화는 심화될 것이고 빈부의 격차도 더욱 벌어진다. 기술이 발달될수록 소외되는 정체성의 혼란이 나타난다. 마약 같은 향정신성 물질이 일상화되고 감성은 점점 더 메마르게 되며, 정신적 고통을 호소하는 이들이 많아지고 정신과 질환이 사회적 문제로 대두된다. 외적 성장에 미처 따라가지 못한 내적 치유에 힘써야 할 시기가 될 것이다.

5차 산업혁명 시대는 영적인 힘 즉, 영지靈力시대가 될 것인데 시급한 과제는 정신과 마음을 담당할 영적 소통과 영적 교육이다. 과학적 사고와 산업의 발달은 인간의 감성 부분이 메마르게 되고 자아와 타아가 혼동되어 갈수록 깊은 정신적, 영적 감성의 회복을 갈망하게 될 것이다.

이 모든 것이 융합되어질 때 인류는 최고의 전성기를 누리게 될 것이다. 생각이 현실로 이루어지는 시대, 꿈이 현실이 되는 시대로 변모하게 되는 것이다. 아쉽지만 5차 산업혁명시대에 개인과 가정, 사회, 경제, 문화, 과학 중에서 가장 뒤떨어지는 것이 있다면 절대로 자동화될 수 없는 정치시스템이 아닐까 싶다.

4차원의 세계를 인간이 인식하는 한계라고 한다. 6차원을 넘어 7차원의 세계는 흔히 신의 영역이라고 한다. 5차 산업혁명을 넘어 6차 산업혁명을 얘기하는 섣부른 사람들이 있다. 과연 6차 산업혁명이 도래할까? 그것은 상상 그 이상이 될 것이며 어쩌면 지구상에는 없는 이론으로 존재하게 될 것이다.

세계 최고의 부자는
무엇이 다른가

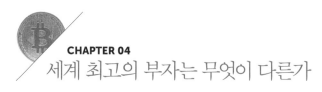

CHAPTER 04
세계 최고의 부자는 무엇이 다른가

TOP 10 부자는 누구고, 무엇으로 벌었나

세계 인구의 1%가 전체 인구 자산의 절반을 차지하고 있다. 상위 1% 중에서도 최상위인 10%를 차지한 가문이 속한 국가는 미국, 프랑스, 독일, 멕시코 등 4개국 출신이다. 이들 최상위 부자들은 자녀에게 재산 상속을 물려주는 행위로 인해 부의 대물림이 지속되고 있는 것이다.

세계의 가장 부유한 가문의 TOP 10의 재산을 한번 살펴본다. 프랑스의 아르노 가문은 약 37조 7천억 원이다. 루이뷔통, 지방시 등 유명 명품 브랜드를 소유하고 있으며 가족 전체가 명품사업을 하는 것으로 알려져 있다. 프랑스의 릴리안 베탕크르 가문은 유명한 코스메틱 회사인 로레알의 경영자이자 세계에서 가장 부유한 여성인

릴리안베르탕의 가문이다. 재산이 약 42조 7천억 원에 이른다.

　미국의 콕스가문은 TV와 라디오 매체와 또 다른 관련된 기업을 소유하고 있다. 한화로 약 34조 5천억 원이다. 미국의 마스 가문의 마스그룹은 세계에서 제일 큰 사탕제조회사이다. 1920년 설립된 이 회사는 독자적인 생산라인으로 현재 약 80조 원의 재산을 보유하고 있다. 미국의 카킬 맥밀란 가문은 제일 큰 개인회사를 소유했는데 이 가문의 재산은 약 45조 원이다. 최근에는 음식과 관련된 농업까지 사업영역을 확장하고 있다고 한다.

　미국의 코크 가문의 수장인 프레드 코크는 1940년 석유정제 회사를 설립했다. 재산은 약 89조 원대이다. 세계적으로 유명한 월마트를 한 번쯤은 다 들어보았을 것이다. 미국의 월튼 가문이 바로 이 월마트를 창립했다. 도소매 유통업을 전 세계적으로 확산시켰으나 유독 한국에서는 제 기량을 발휘하지 못하고 철수하는 수모를 겪었다. 재산은 약 152조 원이다.

　사우디아라비아의 사우드 가문은 석유회사를 운영하는데 세계에서 두 번째로 부유한 가문이다. 18세기부터 가업을 이어받은 결과 현재는 약 1,400조에 이르는 재산을 자랑한다. 조 단위의 숫자를 너무 자주 들어서 그 개념이 명확하지 않다. 조 단위의 돈은 도대체 어느 정도의 돈인가. 여기에 세금 떼고 연봉 1억2천만 원을 받는 사람이 있다고 가정을 해보자.

매월 1천만 원씩을 저축도 하지 않고 오로지 소비만 한다고 쳤을 때 10년을 써봐야 12억 원이다. 일반인들에게 매월 1천만 원씩을 오로지 소비만 한다고 할 때 과연 어느 정도의 큰돈이 될까? 100년을 쓰면 120억 원이고 1천 년을 써봐야 1천 200억 원이 되니 무려 1만 년을 꾸준하게 사용할 수 있는 돈이 바로 1조 2천억 원이다. 상상 그 이상의 금액이 조 단위의 돈인 것이다.

기회포착능력의 탁월함, 로스차일드 가문

로스차일드 가문은 18세기만 하더라도 중소 상인의 가문이었다. 그 가문을 일으킨 사람은 마이어 암셀 로스차일드와 그의 다섯 아들이었다. 18세기의 가난한 유대인 가문이었던 로스차일드는 기독교인들에게 각종 천대와 멸시를 받았으며 농업, 제조업은 물론이고 공무원, 군인 등의 직업은 가질 수 없도록 법적 제재가 가해지던 시기였다.

그렇기 때문에 유대인들은 상업이나 고리대금업을 할 수밖에 없었는데 마이어 암셀 로스차일드 역시 다른 유대인들과 마찬가지로 떠돌이 생활을 했다. 그는 왕실의 관련된 사람들을 등에 업는다면 부를 축적할 수 있겠다고 판단하고 그 당시 귀족들과 연을 맺기 시작했다.

그러던 중 귀족들 사이에서 각종 훈장과 주화와 같은 골동품 사업이 유행하고 있다는 사실을 알았고 그것을 구하기 위해 전쟁터에서 각종 전투가 벌어지고 있는 장소를 헤집고 찾아다니면서 부상자나 혹은 사망자들의 군복을 뒤져서 각종 훈장들과 주화를 입수했다고 한다. 이를 시중가보다 싼 가격에 귀족들에게 판매를 하면서 자신의 인지도를 높였으며 인맥을 넓혀가기 시작했다.

위험을 무릅쓰고 자신이 직접 전쟁터를 찾아 수집한 것들이어서 다른 사람들보다 싸게 판매할 수 있었던 것이었다. 그러던 중 마이어 로스차일드는 헤센 왕국의 빌헬름 4세가 주화를 싼 가격에 매입을 해서 귀족들에게 비싼 가격에 판매하고 있다는 것을 알게 되었고 의도적으로 그에게 다가가서 시중가의 50%나 싼 가격에 주화를 납품하였고 그가 더 큰 부를 축적할 수 있도록 도와주기 시작했다. 이러한 인연으로 이후 마이어 로스차일드는 유대인이지만 왕실의 공급상으로 임명될 수 있었다.

그 당시 유럽 전역은 프랑스 혁명이 일어나서 봉건제도라 무너져 가고 있었으며 이로 인해 귀족들의 수입이 줄어들고 있었는데, 수입은 줄었으나 씀씀이는 그대로였던 귀족들은 토지나 성을 은행이나 다른 귀족에게 담보로 잡히고 융자를 받는 일들이 벌어졌다. 그 일로 큰돈을 벌 수 있겠다고 생각한 빌헬름 4세는 마이어 로스차일드의 탁월한 능력을 인정하여 그에게 일을 맡기기 시작했고 일을 맡기기는 했으나 그가 유대인이란 사실 때문에 중요한 일은 맡기지 않고 있었다.

그 무렵 나폴레옹은 빌헬름 4세가 오스트레일리아에 군사를 지원해 주었다는 소식을 듣고 헤센 왕국을 쳐들어오게 된다. 나폴레옹이 쳐들어온다는 소식을 들은 빌헬름은 각종 중요한 장부들을 마이어 로스차일드에게 맡기고는 도망을 치게 되는데 이걸 간파한 나폴레옹은 마이어 로스차일드를 고문하여 중요 장부들을 어디에 두었는지 찾고자 하였으나 마이어는 끝내 밝히지 않았고 나폴레옹이 철수하면서 풀려나게 되었다.

나폴레옹이 떠나자 돌아온 빌헬름 4세는 이에 감동을 하여 마이어에게 재무대관의 작위를 내리고 돈을 불리기 위한 각종 편의를 제공하게 되는데 이때 마이어는 엄청난 돈을 벌 수 있는 발판을 마련하게 되었다. 마이어는 다섯 아들에게 각각 영국, 프랑스, 독일, 오스트레일리아, 이탈리아로 건너가서 금융업을 하도록 하고 각국에서 들어오는 정보를 소중하게 관리하도록 했다. 그중에서 셋째 아들인 네이션 로스차일드는 사업 수완이 아주 뛰어나서 그 유명한 나폴레옹의 워털루 전투를 통해서 막대한 부를 축적하게 된다.

워털루 전투는 나폴레옹의 프랑스군이 영국과 프로이센 연합군에게 대패하는 전투를 말하는데 네이션은 자신의 정보력을 바탕으로 프랑스군이 질 것이라는 것을 예상하고 있었으나 오히려 영국과 프로이센 연합군이 질 것처럼 거짓 정보를 흘려서 폭락한 영국 국채를 헐값에 대량 매입한다. 결과는 당연히 영국이 승리하게 되고 다시 폭등한 영국 국체를 되팔아서 현재의 한화 가치로 약 240조가 넘는 막대한 이윤을 남길 수 있었다.

이를 기반으로 로스차일드 가문은 유럽의 철도를 건설할 때 막대한 자금을 차용해 주었고 수에즈 운하 건설 때에는 엄청난 규모의 돈을 영국에 융통해 주었다. 한때 1, 2차 세계대전을 통해서 많은 재산을 잃기도 했다. 오스트리아 빈 은행이 나치에 의해 몰수가 되고 프랑스 은행은 사회당이 집권하면서 국유화가 되고 만 것이다. 하지만 그들은 금융계로만 사업을 펼친 것이 아니라 보석사업과 와인, 채광권 등 다양한 사업을 해 왔었기 때문에 큰 타격을 입지 않고 오히려 더 많은 재산을 증식할 수가 있었다.

한 병에 무려 1천만 원 이상 호가하는 샤토 무통 로쉴드 와인이 바로 로스차일드 가문의 소유라 하며 로쉴드를 영어 발음으로 로스차일드라고도 한다. 세계대전을 통해서 무너졌던 금융업을 다시 일으켜서 현재는 독일 도이치뱅크, 영국 HSBS, 캐나다 뱅크오브 노바스코샤 등의 대주주가 되었다. 그리고 미국의 석유 재벌 존 D 록펠러에게 사업자금을 대주면서 막강한 재산을 증식하기에 이른다.

록펠러 가문, 두 손에 석유와 성경책이 있다

19세기 후반에 강철 왕 카네기, 자동차 왕 포드와 함께 석유사

069

업의 왕으로서 미국자본주의의 대명사로 지칭되는 사람이다. 농산물 도매사업으로 시작하여 1859년 친구와 함께 회사를 설립하고 1863년 부업으로 클리블랜드에 정유소를 설립한 것이 번창하여 1870년에 자본금 100만 달러의 주식회사 오하이오에 스텐다드 석유회사를 설립하였고 1882년에는 스텐다드 석유 트라스트를 만들어 전 산업을 석권하는 기업 활동의 선구자가 되었다.

그는 석유사업에서 번 돈을 자본으로 하여 광산, 산림철도, 은행 등에 투자하여 거대 재벌이 되었다. 한때 지독한 악덕 자본가라는 비난도 받았지만 거액의 기부금을 출연하여 1892년 미국 최고의 명문대학 중의 하나인 시카고 대학을 세웠고 1913년에 록펠러 재단을 세워서 병원, 교회, 학교 등 많은 문화사업과 자선 사업을 시작했다.

한편 록펠러에게도 위기가 찾아온 적이 많았다. 친구의 권유로 광산업을 시작했다가 사기를 당해서 원금을 모두 날린 적이 있었다. 그때 광부들이 폭도로 변하여 밀린 임금을 요구했고 빚 독촉에 시달리던 록펠러는 너무 괴로워서 자살을 떠올렸다고 한다. 독실한 크리스천이었던 록펠러가 황량한 폐광에 엎드려 기도할 때 마음 깊은 곳에서 들려오는 음성이 있었는데 "때가 되면 열매를 거두리라, 더 깊이 파라."라는 것이었다. 록펠러는 폐광을 더 깊이 파기 시작했고 사람들은 록펠러가 제정신이 아니라고 수군거렸다. 한참을 파 내려가던 그때 갑자기 황금 대신 분수처럼 공중으로 검은 물이 솟구쳤는데 그것은 바로 석유였다. 자살 직전의 록펠러는 유전을 발견해서 일약 거부가 될 수 있었다.

미국에서 생산되는 석유의 95%를, 유럽의 75%를 독점한 록펠러는 술도 여자도 음악도 미술 감상도 하지 않았고 오직 독실한 신앙인으로서 자신에게 이토록 거대한 재산을 내려주는 하나님께 감사했던 사람이었으며 엄청난 재산을 사회에 환원하였다. 1860년대 초반에 일어난 남북전쟁이 끝난 뒤 자본주의의 힘을 빌려 록펠러는 석유사업에 뛰어들어 큰돈을 벌었는데 무려 172조 원이 넘는 큰돈을 벌었다.

벌어들인 돈을 세는 직원만 40명이 넘었는데 번 돈을 정확하게 계산해서 온전한 십일조를 드린 인물로 정평이 나 있었다. 그는 자서전에서 "나는 남들에게 돈을 나누어 주기 시작하면서 오히려 재산이 점점 더 불어나는 하나님의 선물을 받았기 때문이다."라고 밝히기도 했다. 록펠러는 재단을 통해서 24개의 대학을 세웠고 무려 4,926개의 교회를 세웠다. 록펠러는 자녀들에게 10분의 1은 십일조로, 나머지 3분의 1은 저축, 3분의 1은 기부, 나머지 3분의 1은 개인적인 용돈으로 쓰게 가르쳤다고 한다.

록펠러가 세운 교회 중 하나인 뉴욕주의 리버사이드 교회.
1930년에 완공된 미국에서 제일 높은 교회이다.

세계 인구의 1%가 전체 인구 자산의 절반을 차지하고 있다. 상위 1% 중에서도 최상위인 10%를 차지한 가문이 속한 국가는 미국, 프랑스, 독일, 멕시코 등 4개국 출신이다. 이들 최상위 부자들은 자녀에게 재산 상속을 물려주는 행위로 인해 부의 대물림이 지속되고 있는 것이다.

블록체인이
4차 산업혁명을
견인한다

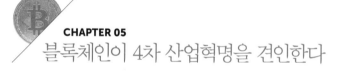

블록체인이 4차 산업혁명을 견인한다

전자화폐와 암호화폐의 차이

암호화폐가 무엇인가? 글자 그대로 우리가 일상적으로 보고 만지는 화폐가 아닌 암호화된 화폐다. 암호는 일반적으로 쉽게 풀 수 없는 것을 의미한다. 컴퓨터는 인간의 언어를 0과 1의 이진법으로 표시되는 디지털 언어로 구현한다. 암호화폐는 지금까지의 화폐와 전혀 다른 방법으로 만들어지고 운용된다. 중앙정부에서 발행하고 관리하는 일반화폐와 달리 컴퓨터와 관련 소프트웨어만 있으면 누구든지 발행하여 사용할 수 있는 화폐다. 얼핏 이해할 수 없는 구조다. 이 암호화폐의 시초는 0과 1로 표현되는 디지털 단위인 bit와 동전을 의미하는 coin을 합하여 비트코인bitcoin이라고 명명된 디지털화폐다.

그렇다면 전자화폐와 암호화폐의 차이는 무엇일까? 전자화폐는 기존의 실물화폐를 대체하여 전자적인 결제수단 구조를 갖고 있다. 전자적 구조라 하더라도 엄격하게 실물화폐를 기준으로 교환되는 것이므로 실물화폐의 변형이라고 보면 된다. 화폐의 본질적 속성을 그대로 갖고 있으나 금액의 정보가 디지털화되어 저장되고 옮겨질 뿐이다. 다만 편리성과 간편성에 있어서 실물화폐를 대체할 수 있으므로 전자시대에 걸맞은 화폐라 할 수 있다.

우리가 흔하게 사용하는 교통카드도 전자화폐 일종으로 사이버 머니, 디지털 캐시, pay 등으로 부른다. 최근에는 모바일에 전자화폐 기능을 설치하여 간편하게 사용하고 있다. 한편 전자화폐는 은행이라는 중앙 서버의 시스템을 통해 운용되므로 사용할 때마다 중간에 이용 수수료를 지불해야 한다. 또 카드회사처럼 관리하는 해당 기업 전산망을 이용하는 경우도 마찬가지로 누군가는 중간 비용을 지불해야 한다.

그렇다면 암호화폐는 어떤가? 쓰이는 용도는 전자적 구조를 지녔으니 전자화폐와 비슷하다. 그러나 실물화폐를 기준으로 하지 않고 발행의 주체가 없으며 특정 국가가 화폐의 가치를 인위적으로 조정할 수 없다. 국가가 망하면 그 나라에서 발행된 화폐는 쓸모가 없어지게 된다. 또 인플레이션이 심화되면 화폐의 가치도 덩달아 하락한다. 그러나 암호화폐는 전 세계에 인터넷으로 연결된 사용자들에 의해 그 가치가 확정되므로 특정 집단에 의해 조정되지 않는다. 또한 중앙에 서버를 두고 있지 않으므로 중개자가 필요 없고 당연히 중간 수수료도 없다.

암호화폐의 가장 큰 특징은 전산망을 통해서 위변조가 될 수 있는 가능성이 원천적으로 불가능하도록 설계되어 있다는 점이다. 돈의 가치는 블록block이라는 특정한 형태로 암호화해서 데이터로 저장하는데 거래를 하는 모든 사람의 컴퓨터에 동시에 분산되어 저장된다는 점이다. 따라서 위변조를 하려면 연결된 모든 컴퓨터 서버에 동시에 접속하여 조작을 해야 하므로 위변조가 원천적으로 불가능하다. 암호화폐는 지금까지의 상식과는 전혀 다른 차원에서 만들어진 구조다. 고액권 위조지폐 같은 가짜 돈을 찾아볼 수 없는 시대가 디지털 암호화폐 시대인 것이다.

2,000억 피자 한 판과 거래의 시작

비트코인이 만들어진 지 2년째가 되어 가던 2010년 5월 18일, 비트코인이 화폐로서의 역할을 하는 최초의 사건이 발생한다. 미국 플로리다에서 '라즐로 핸예츠'라는 닉네임을 사용하는 프로그래머가 피자거래를 희망한다는 글을 올렸다. 지불방식은 돈 대신에 비트코인을 주겠다는 것이었다. 그는 파파존스 피자 두 판을 보내주면 1만 비트코인을 지불하겠다고 제안했다.

글을 올린 지 4일 만에 어느 피자가게 사장님이 피자를 보냈다. 돈이 없는 학생의 치기 어린 행동쯤으로 여기고 별 뜻 없이 피자거래를 했던 것이다. 당시 피자 두 판 가격은 미화 30달러였다. 피자 두 판을 20,000비트로 사 먹었다. 피자 한 판에 10,000비트면 현재 1비트에 2천만 원이니까 피자 한 판에 무려 2천억 원하는 피자를 먹은 셈이다.

이처럼 만화 같은, 웃지 못할 상황극이 수천 년 전 역사 속 이야기가 아니다. 백 년 전 이야기도 아니다. 불과 7년 전에 지구 반대편 미국의 자그마한 도시의 한쪽에서 일어났던 우리 시대의 일인 것이다. 사람들은 이날을 '비트코인 피자데이'라고 기억하고 해마다 5월 22일은 비트코인 애호가들 사이에서 기념일로 통한다.

이후 사람들은 비트코인의 화폐로서의 가능성에 주목하기 시작했다. 블록체인과 비트코인에 대한 연구가 더욱 활발해졌고 비트코인 동호회 사람들로 인해 이후에도 계속해서 거래가 성사되었다. 비트코인으로 결제 가능한 가게도 차츰 증가하게 되었으며 국내에서도 2013년 12월 인천시 남동구의 파리바게뜨에서 비트코인 결제 시스템이 설치되어 최초의 거래가 이루어졌다.

비트코인 상용화 길을 걷다

비트코인은 세계 최초의 암호화된 분산 화폐다. 비트코인은 은행과 정부의 간섭 없이 인터넷이 연결된 곳이면 전 세계 어디에서나 개인 간에, 기업 간에 돈이나 가치를 전송할 수 있는 방식이다. 전송방식은 절대적으로 안전하며 익명성을 보장하고 세계 어디서나 사용할 수 있다. 또한 아주 약간의 거래소 수수료만으로 쉽고 간편하게 송금할 수 있다. 인터넷만 연결된 곳이면 전 세계 어느 곳이라도, 시골과 같이 은행이 전혀 없는 곳이라 할지라도 송금할 수 있고 또 받을 수가 있다.

비트코인은 진정한 미래의 돈이다. 그럼 누가 비트코인을 사용하고 또 이용할까? 실제로 수백만 명의 사람들이 비트코인을 사용하고 있다. 그리고 우리가 생각하는 거의 모든 곳에서 비트코인을 사용하여 결제를 할 수 있다. 가까운 미래에 비트코인으로 자동차를 살 수도 있고 항공권 예약도 할 수 있으며, 가전제품도 사고 호텔 예약도 하며, 집을 계약하고 공과금도 낼 수 있다.

전 세계에서 기업의 무역거래와 개인 간의 송금 등에 매년 약 1,000조 원 정도의 돈이 오간다. 이는 은행 같은 중개 기관을 통해서 수수료를 받고 이루어진다. 대개 5%에서 최대 30%까지 수수료를 부여하는데 세계적으로 평균 10% 정도의 수수료가 부과된다. 이는 매년 1조 원가량의 수수료가 은행 같은 중개소에 수익으로 잡힌다는 것을 의미한다. 그러나 비트코인으로 송금을 한다면 보통 0.005% 정도의 수수료만 거래소에 내면 된다.

믿기 어렵겠지만 전 세계 70억 인구 중에서 55억 명의 사람들은 은행 계좌를 소유하지 못하고 있다고 한다. 모두 개인들이 서랍이나 금고에 보관하고 있어 항상 도난의 위험에 처해 있거나, 화재나, 홍수 등의 재난에 의해 순식간에 모든 재산을 잃을 수도 있다. 이렇듯 전 세계 인구의 약 15% 정도만이 은행계좌와 비자나 마스터카드를 소유하고 있을 뿐이라고 하니, 비트코인은 그처럼 은행의 문턱을 넘지 못했던 사람들에게도 문명의 혜택을 부여하게 될 것이다.

늦었다고 할 때가 가장 빠를 때다

비트코인이 처음 만들어졌을 때는 아무런 가치도 없었다. 초기에 마이닝에 참여한 사람은 개발자와 몇몇 관계자뿐이었다. 그들은 10분마다 생성되는 모든 비트코인들을 수집했다. 그러다가 2010년 5월 22일 처음으로 이체가 이루어졌다. 10,000비트코인이 피자 한 판과 교환되었던 것이다.

그 일은 비트코인에 가치를 부여하는 역사적인 사건이 되었다. 그러고 나서 더 많은 사람들이 비트코인을 사고 싶어 했지만 비트코인을 가지고 있던 사람들은 비트코인을 싼값에 팔고 싶지 않아 했다. 사람들은 비트코인을 사기 위해서 더 높은 가격을 제시하기 시작했다.

비트코인이 첫 거래가 이루어지고 나서 10센트의 가치를 갖기까지 1년 6개월이 걸렸다. 2013년에는 1비트에 약 240달러가 되었다. 5년 만에 약 2,400배의 가치 상승이 일어난 것이다. 5년 전에 100달러어치를 구매했었더라면 지금 240,000달러를 가지고 있는 것이다. 비트코인은 우리가 아는 한 가장 훌륭한 투자가 되었다.

많은 사람들이 이제는 늦었다고 생각한다. 그러나 늦었다고 생각하는 지금 이 순간도 비트코인은 계속 오르고 있다. 현재 비트코인의 지갑을 보유한 사람은 전 세계에 약 1천만 명뿐이다. 앞으로도 비트코인을 필요로 하는 사람은 계속 늘어날 것이다. 비트코인을 갖고 싶어 하는 사람이 1억 명으로 늘어나면 비트코인 값은 10배가 아니라 100배가 오른다. 채굴량이 계속 줄고 있기 때문이다.

금에 대한 특정 수요량이 있고 그만큼의 금을 채굴했다고 가정해보자. 수요량은 늘어나는데 그다음에 그 절반 정도의 금만 채굴했다고 한다면 금 가격은 두 배가 아니라 5배, 10배 이상 치솟을 것이다. 수요량은 증가하고 있으나 새로운 공급량은 계속 줄어들고 있다. 그것은 그 가격이 계속 올라갈 것을 의미한다.

비트코인의 가치에 투자하고 있는 개인 및 기업들 중에는 빌 게이츠, 펄 리차드 브랜슨, 뉴욕증권교환소NYSE, 골드만삭스, USAA은행, BBVA은행, 페이팔Paypal, 이베이ebey, 구글, 엠아이티 대학 등 이름만 들어도 알 만한 명망가와 단체들이 수두룩하다.

이더리움의 탄생

암호화폐의 또 다른 쪽에서는 '비트코인의 기반인 블록체인을 다르게 사용할 수 없을까?'하고 고민하기 시작했다. 그 결과 새로운 암호화에 프로토콜이 나오기 시작했다. 블록체인에 거대정보를 넣을 수 있다면 화폐 기능 외에 다른 여러 정보를 담을 수 있지 않겠는가를 생각했던 것이고 그렇게 해서 2015년 7월 암호화폐 이더리움과 이에 대한 플랫폼 개발에 성공했다.

이더리움은 캐나다에서 탄생한 러시아계 청년 비탈릭 부테린 **Vitalik Buterin**에 의해 탄생했다. 비탈릭 부테린은 컴퓨터 프로그래머이자 게임 개발자를 꿈꾸고 있던 청년이었다. 부테린이 이더리움을 처음 고안했을 때가 2012년이라고 하니 당시 겨우 18세 때였고 2014년에 직접 펀딩을 해서 그해 이더리움을 만들어 냈으니 그때 나이가 20세에 불과했다.

화폐 기능만 하던 비트코인에 계약기능을 포함한 2세대 암호화폐이다. 비트코인은 입출금만 가능하지만 이더리움은 부동산 및 인수합병**M&A** 계약까지 할 수 있다. 이용자 계약을 전자화해서 기록한 뒤 위변조가 불가능한 블록체인에 저장하는 기술이다. 이더리움은 전기자동차의 충전거래, 가정용 에너지 거래 등에서도 활용될 전망이다.

이더리움은 비트코인보다 범용성과 확장성이 뛰어나다. 스마트 계약Smart Contract이라는 플랫폼을 기반으로 한다. 이더리움은 거래기록뿐만 아니라 계약서, SNS, 이메일, 전자투표 등 다양한 애플리케이션에서 쉽게 사용할 수 있다. 다양한 장점으로 암호화폐 시장 진출 2년 만에 세계 2위로 도약했다.

이더리움은 2016년 12월에 8천 원대였다. 2017년 초에는 1만 원대를 밑돌았다. 그러던 이더리움이 12월에는 무려 1백만 원을 오르내리고 있다. 가격이 무려 100배 가까이 뛴 것이다. 이더리움은 비트코인과 다르다. 비트코인이 블록체인 기반의 분산네트워크의 화폐개념이라면 이더리움은 분산네트워크에서 소프트웨어를 구동할 수 있는 플랫폼에 가깝다. 비트코인은 2014년 8월 암호화폐 전체에서 약 95% 정도의 시가총액을 차지했다가 그해 12월에는 78%까지 떨어졌다.

러시아는 주력 산업이 에너지, 특히 석유와 천연가스였다. 그러던 중 세계를 바꿀 분야라는 블록체인에서 러시아 청년 부테린이 나타난 것이다. 푸틴 러시아 대통령이 부테린을 만났다. 미국에 실리콘밸리가 있는 것처럼 러시아에서 블록체인의 실리콘밸리가 탄생하지 말라는 법이 없지 않은가?

발행된 코인의 세 가지 분류

현재 거래소에 상장된 코인만 해도 1,300여 종류가 있다. 앞으로도 무수히 많은 코인이 나름대로 역할을 담당하겠다며 특정된 코인을 발행할 것이다. 사실 비트코인과 이더리움을 제외한 코인들을 보면 기술적으로 별반 차별화된 것을 볼 수가 없다. 다만 코인 개발자의 기획의도와 용도에 따라서 어떻게 마케팅을 하고 활성화해나갈 것인가에 코인의 가치가 결정될 뿐이다. 의도와 다르게 활성화되지 못할 경우 거래소에 상장도 못 해보고 퇴출당하는 코인이 속출할 것이다.

블록체인 기반의 코인들을 크게 세 가지로 구분할 수가 있다. 첫째는 비트코인처럼 본연의 화폐 기능을 목적으로 만들어지는 코인이다. 비트코인은 애초에 발행된 목적이 충실하게 반영되어 전 세계에서 그 가치를 인정받고 있다. 값이 얼마까지 오를 것인지 초미의 관심사다. 하루가 다르게 오르는 가격은 전문가들조차도 혀를 내두를 정도다.

지금껏 이토록 가파른 상승세를 지닌 투자물건은 일찍이 없었다. 처리 속도가 좀 늦으면 어떤가? 이미 기축통화로서의 기능을 충분히 담당하고 있으니 그 존재 자체만으로도 코인계의 대부가 되는 것이다. 몇 년 정도 급등락을 거듭하고 나면 비트코인도 안정권에 들게 될 것이고 애초 목적인 탈중앙화에 목적을 둔 화폐의 역할을 충실하게 감당할 것이다.

둘째는 사물에 활용될 목적으로 개발된 기술코인이다. 이더리움

코인, 대시코인, 리플코인, 현대코인, 큐브코인 등의 기술코인은 개발단계에서부터 비트코인과는 다른 용도로 설계됐다. 해킹이 원천적으로 불가능하도록 설계된 블록체인 기능을 충실하게 반영해서 인간과 사물, 사물과 사물을 서로 연결하는 기술적 기능이 4차 산업혁명 속 생활에 크게 활용될 것이다. 사물과의 소통 또는 사물과 사물의 소통에 누군가 해킹을 시도하여 전혀 다른 주문을 입력하게 된다면 큰 혼란에 직면하게 된다. 그럴 때 블록체인기술이 진가를 발휘하는 것이다.

셋째는 일상생활에 광범위하게 사용할 수 있도록 만들어진 실용코인이다. 전자화폐처럼 결제기능을 갖추고 온라인이나 가맹점에서 현금처럼 사용하는 것을 실용코인이라고 한다. 전자화폐는 연결계좌에 미리 돈을 넣어두고 결제를 하는 선불카드 개념이라면 실용코인은 전자화폐 기능도 담고 있으면서 비트코인처럼 블록체인기술이 적용되어 위변조할 수 없는 화폐 기능을 충실하게 반영한 것이다.

지금까지 나와 있는 수많은 코인들이 실용코인을 표방하고는 있지만 아직 현실화되기까지는 여러 가지 난관이 있다. 차제에 스타그램 코인 같은 경우는 개발단계부터 실용코인을 주목적으로 기획되어졌다. 누가 가장 먼저 실용코인을 현실화시키는가에 따라서 시장의 주도권을 거머쥐게 될 것이다.

암호화폐는 전 세계에 인터넷으로 연결된 사용자들에 의해 그 가치가 확정되므로 특정 집단에 의해 조정되지 않는다. 또한 중앙에 서버를 두고 있지 않으므로 중개자가 필요 없고 당연히 중간 수수료도 없다.

당신이 알아야 할
비트코인

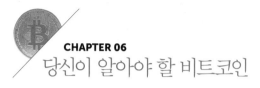

CHAPTER 06

당신이 알아야 할 비트코인

블록체인과 암호화폐는 어디에 쓰이는가

미래학자들과 세계 경제포럼^{WEF}, 국제연합^{UN}, 금융보안원^{FSI}등 국내외 주요 기관들이 블록체인기술의 중요성에 대해 언급하기 시작했고 그에 힘입어 암호화폐가 가져올 미래사회의 변화와 역할에 대한 논의가 갈수록 활발해지고 있다. 미래학자들은 다가올 미래는 사람과 사물, 사물과 사물이 서로 연결되는 IoT^{Internet of Things} 시대 즉, 초연결사회가 된다고 밝혔다. 그 길목에 4차 산업혁명이라는 변화의 물결이 블록체인 기반의 기술을 앞세워 산업전반으로 퍼져나가고 있는 것이다.

그렇다면 이토록 세상을 뜨겁게 달구고 있는 암호화폐는 도대체 어디에 쓰이게 되는 걸까? 애초 비트코인을 개발할 때의 목적이 위변조가 불가능하고 중앙에서 컨트롤하는 화폐 기능과 차별화시킨 차세대 디지털화폐를 만드는 것이 목적이라면, 그 디지털 기술을 변형하여 응용하고 접목할 수 있도록 고안된 것이 블록체인이라고 하는 신기술이다. 지금은 블록체인을 기반으로 한 차세대 블록체인들이 탄생하고 산업전반에 접목을 시도하고 있다. 세상은 비트코인과 차세대 블록체인 그 모두를 통틀어서 암호화폐라 부르며 사용되는 곳은 다음과 같다.

첫째는 화폐 기능이다. 전자화폐처럼 일상생활 속에서 간편하게 결제할 수도 있다. 한국에서도 비트코인으로 결제를 받는 가맹점들이 점차 늘어가고 있는 추세다. 조만간 자동차를 살 때도, 부동산 거래를 할 때도, 심지어 영화를 보거나 커피를 마실 때도, 수도세나 전기세, 인터넷 요금을 낼 때도 암호화폐로 결제 가능할 것이다. 최근에는 공연이나 강의료를 비트코인이나 이더리움 같은 암호화폐로 받는 사람들이 늘어나고 있다.

필자도 올해 초 이더리움이 12,000원 할 때 강의료 대신에 이더리움으로 송금해 달라고 요청해서 80이더리움을 받은 적이 있다. 주최 측에서는 거래소에서 이더리움을 매입해서 보내야 하는 번거로움이 있으므로 상당히 당혹해했으나 강의료를 조금 적게 받는 조건이어서 무난하게 송금받았다. 나로서도 첫 시도였지만 역시나 재미있는 일이 벌어졌다. 몇 개월 그냥 지나쳤다가 지난 6월 이더리움이 250,000원 할 때 팔아서 현금화했으니 강의료로 2천만 원을 받은 셈이다.

두 번째는 첨단 보안기능에 사용된다. 기업이나 관공서, 연구실 등에 출입할 때 지문인식이나 출입카드를 사용하고 있지만 복제가 가능하기 때문에 완벽한 보안이라고 할 수 없다. 이때 블록체인 기능이 접목되면 위변조가 불가능하게 되므로 관련 소프트웨어 산업의 발전을 기대한다.

세 번째는 무인자동차, 드론을 이용한 택배시스템, 가정에서 사용할 IoT 등 해킹이 원천적으로 불가능해야 하는 모바일과 무선데이터 산업전반에 다양하게 활용되므로 블록체인기술을 응용한 산업은 가히 무한대로의 기술혁명을 이룩할 것이다. 이처럼 블록체인은 4차 산업혁명의 확산에 기여하는 바가 이만저만이 아니다.

그 외에도 일일이 열거할 수 없을 만큼의 다양한 곳에 활용된다. 예를 들면 전자 문서, 보안이 요구되는 공공기록물, 전자 계약기능, 국제송금기능, 저작권 증명기능, 전자투표기능, 의료 데이터 기록, 사물인터넷기능, 첨단 우주항공기능, 보안솔루션 등에 다양하게 활용된다. 이 모든 것은 전 세계 사용자들이 보유한 컴퓨팅 자원과 전 세계로 연결된 인터넷망 기반에 분산시스템이라는 불록체인 기술이 탄생하였기에 가능한 것이다.

현금과 동전이 사라진 세상에서

암호화폐는 모든 거래내역이 자동으로 기록되고 참여자들에게 원장이 분산되어 공유되는 기술의 특성상 해킹이나 위변조가 어렵다. 앞으로는 은행과 증권사 등이 블록체인을 활용해서 공인인증서를 대체할 것이며 새로운 송금 플랫폼으로 활용하게 될 것이다.

블록체인의 높은 보안성 때문에 기존의 화폐를 대체할 것이며 주민등록증, 전자여권은 물론이고 병원의료 시스템 등 개인정보 유출이 가장 민감한 산업을 중심으로 블록체인기술이 확산되어 적용될 것이다. 최근 들어 지폐사용량이 점점 줄어들고 있고 실물화폐의 사용이 급격히 줄어들고 있다. 우리나라의 조폐공사 또한 화폐주조 사업이 한계성에 왔다는 평가를 하고 있으므로 블록체인 사업팀을 별도로 가동하고 있다.

한국은행에 따르면 2016년에 이미 신용카드 사용이 현금 사용을 역전시켰다고 한다. 4차 산업혁명이 시작되면서 전자화폐 사용량은 급격한 증가세를 나타내고 있다. 사람들이 간편하고 편리한 전자지갑을 활용하게 되고 은행을 출입하는 횟수도 급격하게 줄고 있다. 이미 스웨덴, 덴마크 같은 나라에서 동전은 물론, 지폐까지 사용하지 않는 현금 없는 사회로 진입하기 시작했다.

한국은행도 현금 없는 사회, 동전 없는 사회를 만들기 위한 시범사업을 실시하고 있다. 조폐공사가 실물화폐 종말에 본격적인 준비를 하는 것은 미래 사회의 변화에 외면할 수 없는 시대적 흐름이다.

중앙은행의 종말

지금껏 중앙은행이 화폐를 발행, 감독하고 각 은행이 사용자와의 중간 매개체 역할을 해오던 것을 이제는 블록체인을 중심으로 각 개인 사용자들이 주체가 되어 거래증명을 해가기 때문에 화폐 발행 주체인 중앙은행도 매개체인 은행도 그 기능이 급속히 약화될 것이다.

기존 화폐시스템의 약점은 중앙은행과 같은 금융기관에 대한 신뢰의 부재에서 기인한다. 어느 나라의 정부가 실패한 은행 또는 보험회사를 구제하려 할 때는 기본적으로 돈을 찍어내는 방식으로 하게 되는데 이는 그 나라 화폐의 건전성을 아주 취약하게 만든다. 이렇게 누적된 오류를 풀어가야 하는 것이 오늘날 글로벌 금융시스템이 직면한 당면과제들이다. 비트코인의 갑작스러운 등장은 이러한 서툴고 기형적인 금융가와 정치인들의 음모에 대한 저항의 의미로 일찌감치 예고된 것인지도 모른다.

이 새롭고 낯선 화폐를 지지해주는 강력한 수요가 실제 한다면 어떻게 될까. 2013년 초에 불과 15,000원 정도 하던 비트코인이 4월 중순에는 30만 원 가까이 치솟았다가 급등락을 거친 후 바로 조정을 받기는 했지만 한동안 100달러 이상의 가격대를 형성하고 안착했다. 전 세계의 주요 언론과 금융시장이 깜짝 놀라며 주목하는 것은 당연한 일이다.

비트코인이 지하자금의 은밀한 거래나 제3국가의 불법 무기거래를 부추긴다고 일각에서 얘기하고 있지만 그러한 음성적인 거래는 비트코인 이전에도 존재해 왔고 그동안 교묘하게 위장한 전자거래를 통해서 당국의 감시망을 피해왔다. 이제는 가장 안전한 거래로 인증을 받았고 가장 신뢰받는 화폐로 거듭나고 있는 비트코인과 같은 암호화폐들이 중앙은행의 역할을 축소시키는 것은 당연한 것이 될 것이다.

암호화폐의 첨단을 달리는 중국

처음 신용카드가 나왔을 때만 하더라도 신용카드를 사용하는 것이 생소했던 부자들은 예전처럼 지갑에 두둑하게 현금을 넣고 다니면서 돈 자랑을 했었지만 지금은 누가 더 많은 한도가 담긴 VIP 신용카드를 소유하고 있는지가 자랑거리가 되었고 앞다투어 편리한 신용카드를 사용하고 있다. 암호화폐도 아직은 생소하게 느끼는 사람들이 대부분이지만 불과 3년 이내에 전 국민이 사용하는 전자화폐로 자리매김할 것은 자명한 사실이다.

중국은 모바일 결제 분야에서 세계 최고를 자랑한다. 중국의 모바일 결제는 60조 위안[1경 원]을 넘어섰다. 이는 미국의 50배다. 애플의 모바일 결제 서비스인 애플페이가 중국의 알리페이를 베꼈다는 논란이 일 정도다. 중국은 신용카드 사용 단계를 생략하고 곧바로 모바일 결제 단계로 넘어가고 있다.

마치 아프리카 국가들이 유선전화 단계를 넘어 곧바로 무선전화로 넘어간 것과 같다. 아프리카는 전화선을 까는 등 복잡한 통신 인프라가 필요한 유선전화의 단계를 생략하고 무선기지국만 있으면 되는 모바일 단계로 바로 넘어갔다.

불과 5년 만에 중국이 모바일 결제 천하가 된 가장 큰 이유는 편리함 때문이다. 모바일 결제 앱 시장을 양분하고 있는 알리페이나 위챗페이는 복잡한 인증 과정 없이 QR코드만 스캔하면 바로 결제가 끝난다. 대형 할인점이나 일반 상가뿐 아니라 길거리 노점에서도 모바일 결제가 보편화되어 있다. 심지어 알리페이나 위챗페이로 구걸하는 최첨단 거지의 모습이 중국판 트위터인 웨이보에 심심치 않게 올라오는 것을 보노라면 세상이 최첨단으로 변하는 것을 실감한다.

모바일 결제가 워낙 편하기 때문에 상인들의 현금 선호도도 급격히 떨어지고 있다. 중국을 여행해 본 사람이라면 택시에서 손님이 건넨 지폐가 위조지폐인지 확인하려고 불빛에 이리저리 비춰보는 것을 경험했을 것이다. 어느새 가게 주인들도 모바일 결제를 선호한다. 위폐를 받을 위험도 없고, 거스름돈을 준비하지 않아도 되기 때문이다.

한국이 신용카드를 받지 않고 현금 결제를 선호하는 것과는 정반대로 중국은 현금을 안 받으려는 가게들이 늘면서 오히려 현금을 받지 않고 모바일 결제만 원하는 가게를 신고하라고 '현금 거부 업체 신고센터'를 마련할 정도이다. 우리나라도 하루빨리 암호화폐 시장의 온갖 규제들을 과감하게 철폐하고 미래화폐 산업을 활성화시켜 나가야 할 것이다.

네트워크 마케팅 시장을 흔든다

다단계 시장은 크게 불법과 합법 두 가지로 나뉜다. 소비자 피해 보상규정에 의거하여 공제조합에 가입해서 활동하느냐 그렇지 않으냐가 불법과 합법의 갈림길이다. 공정거래 위원회에서 엄격한 잣대를 가지고 관리감독하고 있다.

한국에서는 암웨이를 필두로 수많은 네트워크 마케팅 회사들이 성장해 왔다. 흔히 네트워크를 멀티레벨 마케팅이라 부르는데 처음 일본어로 번역할 때 멀티레벨을 다단계로 직역을 하게 되었는데 유독 한국에서는 지극히 부정적인 단어로 인식되고 있다.

미국은 국가 원수가 해외를 방문할 때 자국의 네트워크 회사를 적극적으로 소개하고 다닌다. 빌 클린턴 전 미국 대통령이 한국을 방문했을 때 한국 법에 저촉되어 재판을 받고 있던 암웨이 지사장을 적극적으로 구명했던 일화는 유명하다.

일본과 필리핀 등 동남아는 네트워크 천국이라고 말해도 과언이 아닐 정도로 멀티레벨 네트워크 마케팅이 하나의 거대 유통시장으로 자리 잡고 있다. 한국에서는 유사수신에 해당하는 불법 금융피라미드와 합법적으로 운영되는 네트워크 마케팅을 혼용해서 인식을 하고 있어서 정상적인 네트워크 회사들마저도 부정적인 인식에서 벗어나지 못하고 있는 현실이다.

암호화폐도 한국에 처음 들어와서 전달되고 확산되는 과정에서 수많은 불법 다단계 회사가 일조를 한 바 있다. 소개했을 때 주는 추천수당이라든가 후원수당, 매칭수당 등의 형태로 유사수신에 해당되는 금융피라미드 형태로 진행된 경우가 많았다. 초기에 암호화폐에 대한 정보도 부족한 상태에서 소개한 사람의 말을 듣고 묻지 마 투자식으로 진행을 하다 보니 피해자들이 발생하는 것은 당연한 것이다.

이처럼 초기에 부정적인 인식을 심어놓은 탓에 지금도 암호화폐하면 다단계 하는 사람들이나 하는 것처럼 오해하고 있는 사람들이 많다. 암호화폐는 올바른 투자로 진행되면 많은 기대 수익을 안겨줄 수 있는 새로운 시장이다. 암호화폐 정보를 접하게 되면 우선 진행 방식이 다단계식으로 전개되는 것은 아닌지 살펴볼 필요가 있다.

만약 그렇다면 일단 피하고 보는 것이 좋다. 다단계식으로 수당을 주는 구조라면 초기 개발자들에게 자금이 돌아갈 여력이 작아지므로 정상적인 기획과 개발에 따르는 자금 구조를 이룰 수 없다. 계획대로 진행이 되지 못하면 그 피해는 당연히 투자자의 몫으로 고스란히 돌아가게 된다.

암호화폐 투자방식에 있어서 해외에서는 합법적으로 운영이 되는 다단계 방식일지라도 한국에서는 유사수신과 금융피라미드로 보기 때문에 엄연히 불법이다. 본인 혼자 투자한다면 모르지만 누군가 끌어들여서 소개를 하는 순간 불법에 기여한 공범이 되기 때문에 특히 주의를 요한다.

가짜가 판치는 건 진짜가 가치 있기 때문

비트코인이 세상에 알려지면서 블록체인기술에 대한 연구가 활발해졌다. 블록체인에 기반을 두면서도 다른 방식으로 운영되는 이더리움 같은 알트코인들이 많이 생겨났는데 전 세계적으로 1,300여 종류의 코인들이 만들어져서 거래가 되고 있다. 기술부족이나 여러 가지 환경적 요인으로 인해 거래소에 상장되지 못하고 있는 코인들도 부지기수로 많은데 그런 경우는 개발에 참여한 투자자들의 자금이 묶여서 곤혹스러운 상황이 된다.

한편으로는 비트코인의 가치 상승에 편승해서 가짜 코인을 만

들어 의도적으로 사기를 치는 경우도 많이 있다. 가짜 코인들은 주로 다단계 방식으로 확산되는데 한번 피해가 발생하면 전 세계적으로 큰 문제가 된다. 미국에서 일어난 폰지 사기처럼 국지적으로 일어나던 다단계 방식의 사기 수법이 인터넷이 일반화되면서 이제는 전 세계적으로 확산되고 있는 것이다.

우리나라의 경우도 UN의 산하 기관과 같은 국제적인 조직이 참여하는 것처럼 위장을 하여 투자자들을 안심시키고 점조직처럼 운영되는 코인이 확산되고 있어 주의가 요구된다. 가짜가 활개를 많이 친다는 것은 그만큼 진짜의 가치가 높고 그쪽으로 자본이 많이 움직이기 때문이다.

한국처럼 IT기반 기술이 집약되어 있는 나라에서 비트코인의 블록체인기술은 새로운 활로를 열어주고 있다. 좋은 아이디어와 기술력으로 개발되는 코인들은 개발에 필요한 자본 확충을 위해서 투자자들을 공개적으로 모집하게 되는 경우가 많은데 이처럼 실력과 기술을 기반으로 코인시장을 개척하는 초기 개발자들은 혹여 가짜로 오인당하게 될까 노심초사하게 된다. 코인 시장이 발전해갈수록 일반 투자자들의 높은 식견이 요구되고 있는 이유다.

부자들이 환호한다, 그들을 따라 해라

부자들이 비트코인을 바라보는 시각은 뜨겁기만 하다. 수익성이 높은 것은 물론이고 자금의 투명성을 줄이는 데 일익을 담당해 주기 때문이다.

첫째는 익명성 보장이 된다는 점이다. 부자들이 제일 부담스러워하는 것 중의 하나는 실명제다. 부자들은 자신이 돈이 아주 많다는 것이 노출되는 것을 제일 꺼린다. 여러 이유가 있지만 그중의 하나는 돈이 많은 것을 알고 별의별 사람들이 돈을 빌려달라고 찾아오는 것이다. '부자가 몸 사린다.'는 옛말이 있다. 그래서 부자들은 있는 표시를 잘 나타내지 않는다. 어쩌다 큰돈을 번 사람이 한두 번 자기 과시를 하고 싶은 마음에 고급 차를 타고 명품을 두르고 다니지만 정작 큰 부자들은 의외로 검소하고 소탈한 경우가 많다.

둘째로 외환관리법 규제에서 벗어난다는 점이다. 비트코인으로 보내면 제한이 없다. 무한대로 보내도 누가 뭐라고 하지 않는다. 사실상 국가에서 통제하거나 규제할 수가 없다. 외환을 보내기 위해서는 은행에 가서 위탁서류에 사인을 해야 한다. 그러나 비트코인은 인터넷이 있는 곳이면 어디든 편안하게 앉아서 손가락으로 몇 번 클릭하면 처리된다.

세 번째로는 송금수수료가 없다는 점이다. 전 세계가 일일생활권에 접어들고 있는 데다가 보통 다섯 집 건너 한집은 해외에 유학을 보낸 자녀가 있거나 친인척이 해외에 살고 있기도 하다. 무역의 규모도 커서 해외에 송금하는 돈의 규모는 날로 커져만 가고 있다.

지금도 개인이 해외에 10억 원을 송금하려면 준비해야 할 서류가 한둘이 아니고 송금수수료가 보통 3%는 붙는다. 거기에 비하면 비트코인으로 송금을 하면 거래소의 수수료가 있기는 하지만 은행의 송금 수수료에 비교하면 극히 미미하다.

네 번째는 세금이 없다는 점이다. 세금을 안 낸다는 것은 보는 사람에 따라서 탈세가 되기도 하고 절세가 되기도 한다. 정부는 어떻게든 수익이 있는 곳에 과세를 하려 들고, 사람들은 되도록 세금을 적게 낼 방법을 모색한다. 비트코인으로 많은 사람들이 돈을 벌고 있는 것을 정부도 일찌감치 눈치를 채고 있다. 그러나 마땅하게 세금을 부과할 명목을 찾지 못하고 있을 뿐이다. 세금을 부과하려면 비트코인이 사고파는 제품인지, 재화인지부터 정리를 해야 한다. 눈에 보이지도 않으니 제품으로 규정할 수 없고 그렇다고 돈으로 보고 세금을 매기려니 금융권 전체에 미칠 파장 때문에 섣불리 건드리지도 못하고 있다. 돈으로 인정하고 세금을 거두겠다고 하는 순간 비트코인을 화폐로 인정해야 하는 모순이 드러나게 되고 대한민국 화폐정책 전체를 손봐야 하는 사태가 벌어진다. 비트코인으로 돈을 많이 벌고 있는 것을 관계 당국도 눈치로는 알고 있지만 어찌해야 할 바를 모르고 전전긍긍하고 있는 것이다.

이러한 상황에서 비트코인을 보유하고 있는 부자들은 절대로 비트코인을 내다 팔지 않는다. 가격이 얼마까지 뛸지 알 수 없는 상황에서 비트코인만큼 상속하기 좋은 것은 없다. 지금 사놓으면 10년 뒤, 20년 뒤에 그 가격이 10배 100배 1,000배가 될 수 있다는 것을 알고 있기 때문이다. 더구나 상속세도 물지 않는다. 세금도 없다니 금상첨화가 아니겠는가.

다섯 번째는 소수점 8자리까지 쪼개서 얼마든지 작은 단위로도 쓸 수 있다는 것이다. 비트코인이 2,100만 개밖에 없다고 하니까 어떤 사람은 비트코인이 소수점 8개까지로 나누어 쪼갤 수 있으니까 사실은 2,100조 개가 된다고 주장한다. 얼핏 들으면 일견 타당성이 있어 보이지만 비트코인의 실상을 제대로 파악하지 못한 편견에 불과하다는 사실을 금방 알 수가 있다. 우리가 해외에 나가기 위해 환전을 할 때 보통 1달러짜리, 10달러, 100달러짜리로 다양하게 환전을 한다.

그런데 같은 돈이지만 값어치가 다르다. 1달러짜리보다는 100달러짜리가 귀한 대접을 받는다. 100달러 한 장은 소지하기도 간편하지만 1달러짜리와는 전혀 다른 무게감을 지니고 있는 것처럼, 아무리 비트코인 한 개가 수십억이 되어 소수점 8자리로 쪼개서 사용된다손 치더라도 그 중심에는 비트코인 한 개의 가치가 얼마인가 하는 것이지 소수점 따위의 문제로 가치의 본질을 흩뜨리지 못한다.

여섯 번째는 전 세계에서 현금처럼 쓸 수 있다는 점이다. 아직은 활용도가 무척 낮지만 이제 조금만 더 지나면 전 세계에서 비트코인을 현금처럼 사용하는데 전혀 불편함이 없게 된다. 이웃나라 일본만 하더라도 커피를 마시고 영화를 보는데 비트코인으로 결제하는 곳이 많다. 심지어 쇼핑도 자유롭게 비트코인으로 결제할 수 있다. 자동차를 구매할 때도, 부동산을 매매할 때도 비트코인으로 결제할 날이 머지않았다.

마지막으로 희소성의 가치가 투자에 가장 큰 매력을 안겨준다. 비트코인은 지금까지 발행된 1,670만 개 중에서 약 25%는 유실되고 없다. 그렇다면, 발행된 코인 중 남아있는 약 1,250만 개 중에서 50%는 부자들이 꼭 쥐고 내놓지 않고 있다. 그렇다면 고작 620만 개 정도가 세계 600여 개의 거래소에서 거래되고 있고, 그중에 우리나라의 거래소들도 있는 것이다.

일반인들은 먹고살기 위해서 또는 차를 사기 위해서, 집을 사기 위해 비트코인을 내다 판다. 그러나 비트코인이 한번 부자들의 손에 들어가면 절대로 나오지 않는다. 그들은 먹고사는 문제에서 벗어난 사람들이고 더구나 그들은 남달리 자산관리에 감각적인 촉을 가진 사람들이다. 이처럼 기가 막히게 좋은 비트코인을 부자들이 그냥 흘려보낼 것 같은가?

비트코인은 진정한 미래의 돈이다. 그럼 누가 비트코인을 사용하고 또 이용할까? 실제로 수백만 명의 사람들이 비트코인을 사용하고 있다. 그리고 우리가 생각하는 거의 모든 곳에서 비트코인을 사용하여 결제를 할 수 있다. 가까운 미래에 비트코인으로 자동차를 살 수도 있고 항공권 예약도 할 수 있으며, 가전제품도 사고 호텔 예약도 하며, 집을 계약하고 공과금도 낼 수 있다.

저축보다 가치있는
비트코인에 투자해라

CHAPTER 07
저축보다 가치있는 비트코인에 투자해라

아날로그 화폐시대의 종언을 고하다

수천 년 동안 사람들의 삶에 직접적인 영향을 끼치고 있는 돈. 과거에는 돈뭉치를 들고 다녔으나 신용카드가 생기고 나서부터 지갑이 가벼워진 대신 돈거래에 있어서 착각을 일으키고 있는 현상이 하나 있다. 인터넷 뱅킹을 통하여 수천만 원씩 돈을 보내고 받고 하면서 실제로 그만큼의 돈뭉치들이 은행 사이를 오가는 것처럼 착각을 하고 있지만 실상은 전자적인 숫자만 기록될 뿐 돈이 오가고 있지는 않다.

모든 거래자금은 전산상에 표기된 금액의 숫자만으로 정산되고 있을 뿐, 실제로 현금을 찾아 쓰는 경우는 10%도 안 된다고 한다. 내 돈이 이쪽 계좌에서 저쪽 계좌로 옮겨갈 때 전산상의 표기로만 옮겨갈 뿐이지 실제의 화폐가 옮겨 다니지 않는다. 결국 돈은 없고 숫자만 오가는 것이다.

이미 우리가 인식하지 못하고 있던 때부터 현실 화폐는 사라지고 전자 화폐를 사용하고 있던 셈이다. 재미있는 것은 돈이 전자표기로 옮겨 다닐 때마다 수수료는 계속 빠져나가서 옮겨 다닐수록 명목상의 숫자는 점점 줄어들게 된다. 왜 그럴까? 중간에 은행이라는 중개자가 있기 때문이다. 암호화폐는 그러한 중개자를 배제하자는 것이다.

암호화폐가 상용화될 경우 가장 피해를 보는 쪽은 어디일까? 그들은 암호화폐가 상용화되는 것을 가장 끔찍하게 생각할 것이 뻔하다. 그렇다면 지금 암호화폐가 전 세계를 뒤흔들 때 가장 두려움을 느끼고 불안감을 조장하는 쪽도 기득권 세력일 것이다. 암호화폐가 상용화되면 일반 사용자들은 간편성과 편리성뿐만 아니라 더 많은 혜택을 누리게 될 것이다.

암호화폐의 등장은 과거 아날로그 화폐와의 이별을 고함과 동시에 디지털화폐의 등장으로 화폐혁명이 일어났음을 알리고 있는 것이다. 비트코인은 현재의 화폐제도보다 오히려 더 실질적이고 실용적인 투명한 화폐가 될 것이다. 이처럼 비트코인은 이미 지구상에 화폐혁명을 일으킨 주동자이다. 기존 화폐와의 종언을 고하는 것이 다소 이른 감이 있으나 이미 세계 각국은 생산비용이 더 들어가는 동전 및 화폐 생산을 줄이겠다고 선언하고 있는 바이다.

그런데 지금까지의 역사를 보면, 항상 기득권 세력은 혁명을 가장 두려워하면서도 한편으로는 누구보다도 빠른 정보력과 엄청난 자본력을 바탕으로 가장 발 빠른 변신을 꾀하고 어느새 혁명시대에 또 다른 기득권 자리를 꿰차곤 하였다.

이번 비트코인을 통한 화폐혁명 시대도 예외는 아니다. 투기 광풍을 우려하는 뉴스가 연일 터져 나와 힘없고 가진 것 없는 일반인들이 잔뜩 움츠러들 때 거대 자본가들은 이미 비트코인을 대거 사들이고 있으니 이를 눈치채기만 해도 보이는 미래가 있을 것이다.

언제나 도전적인 비전문가가 세상을 바꾼다

이 대목에서 수많은 금융의 전문가가 듣기에는 굉장히 거북한 얘기를 할 수밖에 없음이 안타깝다. 봉건주의 시대를 지나고 세 차례의 산업혁명을 겪으면서 세계 경제는 자본주의 시장체제로 전환이 되었다. 그동안은 은행권과 증권사를 통해서 기업들이 사업을 펼칠 수 있는 자본을 확충할 수 있었다.

시장경제가 확장되면서 경제 지표를 분석하고 실물 경제를 예측 가능한 경제로 바꾸어서 투자자들에게 정보를 제공해주는 전문가 집단이 수도 없이 양산됐다. 실물 자산을 움직이다 보니 벌어들이는 수익보다는 가지고 있는 자산을 지키는 것에 더 무게를 둘 수밖에 없는 자본의 특성상, 어쩌면 가장 보수적일 수밖에 없는 전문가 집단이 바로 경제 전문가들일 것이다.

21세기를 지나는 현 시점은 과거 어떤 은행가나 증권사의 애널리스트들도 겪어보지 못한 질풍노도의 시기를 지나고 있다. 암호화폐라는 생소한 단어가 갑자기 등장한 것이다. 말 그대로 실물화폐도 아니고 오직 컴퓨터상에서만 가상으로 존재하는 것인데 갑자기 세상 밖으로 툭 튀어나와서는 당혹스럽게 하고 있는 것이다.

예측 가능한 지표 따위는 더더구나 없다. 앞선 경험으로 보면 말도 안 되는 일시적인 현상으로 보일 뿐이다. 그런데 그 암호화폐가 미래를 바꾼다고 한다. 가르쳐 주는 대학도 없고 학문도 없다. 처음부터 전혀 새롭게 몸소 경험과 학습으로 체득해야만 하는 난감한 상황에 처한 것이다.

2017년 초, 비트코인이 100만 원을 돌파할 때 많은 금융 전문가들은 한결같이 언론과 방송에서 얘기했다. 암호화폐는 일시적인 거품 현상이니까 투자에 주의하라고. 중반에 500만 원을 돌파할 때도 역시 같은 말을 반복했다.

드디어 2017년 11월 26일 일요일, 비트코인 한 개의 가격이 1,000만 원을 돌파하는 역사적인 날이 되었을 때도 역시나 언론과 방송에서는 투기에 주의하라는 말을 계속하고 있을 뿐이다. 그런데 어찌하랴, 2018년 중반 비트코인 가격이 수천만 원을 돌파할 것이 뻔히 예상되는 가운데서도 언제까지 똑같은 말만 반복할 것인가를 이제는 묻고 싶다.

천민자본주의를 치유하라

세상만사 돈이면 다 된다고 하는 사람들이 많다. 짧고도 짧은 인생에 오죽하면 돈이 전부라고 할까마는 자본주의 사회에서 돈의 위력을 아는 이상 어쩌면 당연한 것이다. 넉넉한 경제가 가져다주는 안락함은 인간다운 품위를 유지하고 살아야 할 인생에서 기본적인 요소다.

그런데 누구나 잘살기 위해서 애쓰고 노력하면서 기를 쓰고 살지만 30%가 넘는 사람들이 절대 빈곤에 처해있는 것이 또한 현실이다. 몸이 아파도 쉴 수가 없고 돈 때문에 마음과 정신이 피폐해진 사람들은 한결같이 얘기한다.

돈만 있으면 다 해결된다고. 물론 그들에게 돈이 생긴다고 해서 생각처럼 행복해지지는 않을 것이다. 로또에 당첨된 사람들 중에서 많은 사람들이 오히려 불행해진 사람들이 더 많은 것을 보면 돈이 전부인 것은 아니라는 것이 증명된다.

그러나 일반적으로 부자가 되기 위해 성실하게 노력하면서 사는 대다수의 사람들에게 경제는 분명 치유의 범주에 들어간다. 일단 돈이 생기면 기분이 좋아지고 기쁨이 넘쳐 무엇이든 용서해 줄 수 있는 여유로움도 생긴다.

치유에는 여러 가지 요소가 있다. 정신치유, 육신치유, 마음치유, 그리고 제일 중요하지만 놓치고 있는 부분이 있는데 그것은 정신과 마음과 육신을 컨트롤하고 있는 영적인 치유다. 여기에다 가장 현실적인 경제치유가 있다. 모든 사람들이 애타게 소원하는 경제적 충족감은 그 깊이를 가늠할 수는 없다. 여러 가지 치유 중에서 경제적인 치유는 어쩌면 이 책에서 제시하는 암호화폐를 통해서 일부분 해소할 수 있을 것이라고 자부한다. 주위 지인들 중에는 불과 몇 년 사이에 30억대, 100억대, 300억대, 1,000억대의 다양한 부자들이 많이 생겨났다. 일찍이 남들이 알지 못하던 때에 암호화폐의 정보를 용케도 잘 활용한 신흥부자들이 탄생하고 있는 것이다.

이처럼 암호화폐가 무엇인지 세상 사람들이 미처 알지 못하던 때를 잘 활용한 극소수의 사람들이 부자의 반열에 올랐다면 지금은 많은 사람들이 암호화폐가 무엇인지를 가늠하기 시작했다. 물론 이전에 알았다고 하더라도 다 부자가 된 것은 아니었다. 대부분의 사람들이 시행착오를 겪으면서 더 많은 돈을 잃었다. 그 사람들로 인해 암호화폐는 아주 위험한 그 무엇으로 전파되고 인식되었다.

그러나 이제는 많은 언론에서 암호화폐를 다루기 시작했다. 예상보다 빠르게 일반에 전파된 것이다. 그럼에도 불구하고 8~90%의 사람들이 아직도 암호화폐는 다단계하는 사람들이나 하는 것처럼 알고 있거나 암호화폐는 여전히 불안한 것으로 생각하고 애써 외면하거나 무관심하려 하고 있다.

짐작하건대 2020년이 되면 암호화폐가 일반 전자화폐처럼 우리 주변에 널리 상용화될 것이다. 그때가 되면 지금처럼 암호화폐로 돈을 버는 시기는 아니다. 이미 상식이 되기 때문이다. 암호화폐로 경제적 치유를 바란다면 아마도 지금이 가장 적기일 것이다.

비트코인 선물거래를 시작한다

비트코인은 2014년 이후에는 매년 10배 이상씩 올랐다. 그런데 비트코인이 8년 동안 값이 이렇게 많이 오를 동안 일반인들 대부분이 그런 것이 있는지조차 알지 못했다. 겨우 3년 전부터 값이 폭등하기 시작하면서 세간에 조금씩 알려졌을 뿐이다. 2018년부터 2020년까지는 지금까지의 8년과는 비교조차도 할 수 없는 일이 일어날 것이다.

세계 최대 상품거래소인 시카고상업거래소^{CME}와 그 경쟁사인 시카고옵션거래소^{CBOE}가 비트코인을 정식 상품으로 등록해 거래를 시작한 것이다. 미국의 나스닥 선물에서도 비트코인을 취급하기 시작했다는 것은 비트코인이 제도권 안에서 충분한 상승 동력을 얻었다는 것이고 안정권에 들어섰다는 얘기다. 지금까지는 소액을 가진 개인들과 몇몇 부자들이 비트코인을 거래했다면 지금부터는 기업들과 금융권의 거대한 자금들이 비트코인으로 몰려온다는 것이다.

비트코인의 수요는 넘쳐나는데 공급은 지극히 제한적이다. 비트코인의 가격은 이제부터 부르는 게 값이 될 것이다. 2020년이 지나고 온 세상 사람들이 비트코인을 갖고 싶어 할 때쯤이면 그 값은 상상할 수조차 없게 될 것이 자명하다.

과거를 보면 현재가 보이고 현재를 잘 관찰하면 미래를 통찰하는 눈이 열린다. 지나간 역사와 현재를 잘 관찰하면 거기에는 미래의 시그널이 들어있다. 즉 암시하는 신호가 있는 것이다. 비트코인의 짧은 역사를 조금만 들여다보면 비트코인의 미래가 보일 것이다.

명과 암을 구분하는 능력을 키워라

거대 투자자금을 운용하는 집단의 유일한 목적은 수익의 극대화이다. 그들은 일반 개미 투자자들을 쥐락펴락할 수 있는 막강한 정보력과 거대한 자본력으로 무장해 있다. 자신들이 가지고 있는 자본력으로 시세 조정을 시도하고 정보를 비틀어 인위적인 가격변동을 시도한다. 비트코인의 본래 목적인 중앙 권력집단의 개입을 차단하는 것을 비꼬기라도 하듯이 시세조정에 개입하려 할 것이다.

과도기적 현상이라 보아야 할 것이다. 모든 사람들이 보유하고 안정적으로 사용하기 전까지 당분간은 비트코인에 대한 호재를 흘리면서 계속 매집을 하고 가격을 끌어올려서 일반 투자자들의 추격매수를 부추겼다가 어느 순간 비트코인이 제도권에 안착하지 못한 몇 가지 불안한 요소들을 부추겨서 가격 폭락을 시도할 것이다. 그럴 때마다 그들의 목적인 막대한 시세차익을 거두려 할 것이다.

실제로 2017년 6월에 골드만삭스가 비트코인을 투자대상에 편입시켰다는 뉴스가 나온 뒤 투자 집단은 비트코인을 매집하여 가격을 끌어올린다. 상승세를 이어가던 비트코인은 며칠 뒤 골드만삭스가 비트코인이 2,000달러까지 하락 가능성이 있다며 비관적인 전망의 보고서를 내놓았고, 때마침 그날 금리인상 발표와 함께 악재로 작용해서 비트코인 가격은 폭락했다. 골드만삭스는 하락장에서 개미 투자자들이 팔아치우는 매물을 소리 없이 매집을 했다. 다시 비트코인이 4,000달러를 갈 수 있다고 발표를 한다.

이후 다시 비트코인은 상승세로 돌아선다. 비트코인이 1만 달러를 넘어서자 JP모건은 비트코인이 금을 대체할 NEW GOLD라고 추켜세우고 그날 비트코인이 최대가격으로 오르자 개미 투자자들이 따라붙는 것을 보고 바로 매물을 쏟아내어 비트코인을 비롯한 알트코인들이 40% 가까이 폭락을 했다. 이들이 저점에서 다시 쏟아지는 매물을 받아먹고 비트코인은 며칠 만에 상승세로 돌아섰다.

이제 비트코인이 선물거래시장에 편입되었으니 한편으로는 암호화폐가 인정을 받아서 호재가 되겠지만 다른 한편에서는 가격의 등락 폭이 확대될 수도 있는 악재가 될 수 있다. 선물시장에서는 코인 가격이 폭락할수록 수익이 극대화될 수 있다는 의미다. 한껏 비트코인의 가격이 오를 때 미리 매집해 두었던 대량의 비트코인을 매물로 내놓음으로써 대규모 가격 하락에 따른 선물시장에서의 수익도 챙기고 이중으로 소득을 챙길 것이다.

선물시장에는 '숏 포지션'이라는 게 있다. 숏 포지션을 잡는다는 것은 코인 가격이 폭락할수록 수익이 극대화된다는 의미다. 한껏 비트코인의 가격이 오를 때 미리 매집해 두었던 대량의 비트코인을 선물로 내놓음으로써 대규모 가격 하락에 따른 선물시장에서의 수익도 챙기고 이중으로 소득을 챙길 것이다.

이렇게 투자 기관들이 비트코인 시장에 들어왔으니 전체적인 분위기는 상승세를 탈 것이다. 하지만 투자 기관들이 중간마다 숏 포지션을 잡을 경우 대규모 등락 폭이 확대될 수 있으니 한동안 주의를 요할 뿐이다. 비트코인을 암호화폐의 한 축으로 믿고 있는 개인 투자자들은 부화뇌동하지 말고 길게 내다보고 갈 것을 권한다.

연금보다 비트코인이 나은 이유

의과학의 발달로 인류의 기대수명은 130세로 늘었다. 그렇지만 마냥 반가워할 일만은 아닌 것 같다. 건강 백 세를 부르짖는 어르

신들을 보면 대부분이 한 움큼씩의 약을 먹으면서 살아가고 있음을 보게 된다. 다행인지 불행인지 알 수는 없으나 복제 기술과 3D 인쇄술의 결합은 인체 장기를 손쉽게 만들어서 노쇠한 부위를 갈아 끼우면 되는 듯이 얘기를 한다.

멀지 않은 시대에 우리 인류는 세 부류의 인류가 공존하며 살아갈 것이라고 한다. 완전한 신체구조를 지닌 인간과 절반을 인공구조물로 교체한 인간, 그리고 완벽한 인공지능과 AI기술로 온전하게 만들어진 기계인간이다.

실제로 그러한 시절이 온다 할지라도 나이가 많이 들어 오장육부가 병들면 새로 교체하게 될 인조 장기는 큰 비용이 필요하니 결국 돈이 많은 사람이 유리할 수밖에 없다. 이래저래 결국은 적지 않은 돈이 필요한 노후 생활이 될 터이다. 더구나 노후를 온전하게 국민연금으로 살아질 준비를 한 국민이 과연 몇이나 될까.

설상가상으로 국민연금의 미래를 불안하게 만드는 요소들이 곳곳에 산적해 있다. 젊은이들은 아이 낳기를 꺼린다. 신세대는 자꾸만 줄고 나이 든 세대는 늘어만 가고 있다. 자신들의 삶에 치여 부모를 부양하기도 벅차하는 미래의 젊은 세대들이 늘어나고 있는 이때, 노후를 그 누구에게도 의탁하기 어려운 시대가 다가온 것이다.

사회복지 제도에만 의지할 수 없는 미래는 결국 개인들이 준비해야 한다. 비트코인을 위시한 디지털화폐는 현 시대를 살아가는 사람들에게 큰 희망을 줄 것이다. 지금부터 10년 동안 꾸준하게 비트코인을 매집해 놓으면 그 가치는 이루 말할 수 없이 높아지게 된다. 비트코인 한두 개씩이라도 보유하고 있게 된다면 그 가치를 어찌 국민연금에 비할 수 있을까. 비트코인 갖기 국민운동이라도 일으켜야 할 판이다.

금 채광으로 보는 비트코인

동서고금을 막론하고 사람들은 변하지 않는 황금을 귀하게 여겨왔다. 금태환 시대에 황금은 화폐의 중심에 있었으며 금태환이 중지되고 달러가 기축통화 역할을 하고 있는 지금도 금은 역시나 귀한 대접을 받고 있다. 그러한 금이 한정된 장소에 한정된 수량만 남아 있어서 더 이상 채굴되지 않는다고 발표라도 되는 날이면 금값은 하늘 높은 줄 모르고 뛸 것이며 부르는 게 값이 될 것이다.

수요는 넘쳐 나는데 공급은 제한적이라면 굳이 경제학 교과서를 들먹이지 않더라도 분별할 수 있는 얘기다. 암호화폐를 이야기하면서 굳이 황금을 거론하는 이유는 비트코인의 한정된 채굴량과 급격하게 높아지고 있는 비트코인의 수요량을 비교하기 위함이다.

한편, 세계 금 협회World Gold Council에 따르면 전 세계 금 보유량은 약 15만 t 정도이다. 또 세계 금 보유국 1위는 미국으로 약

119

8,100t, 독일이 약 3,000t으로 2위, 3위는 이탈리아로 2,500t, 4위는 프랑스로 약 2,400t 보유, 중국이 약 1,700t으로 5위에 머문다. 러시아가 6위, 스위스가 7위, 일본이 8위로 약 760t, 9위 네덜란드, 10위가 인도로 약 550t이다.

우리나라는 외환보유액의 1.3% 정도인 약 104t을 금으로 보유하고 있으며 세계 34위권에 머물고 있는 실정이다. 한국은 출산율이 떨어지면서 백일반지, 돌 반지의 수요가 줄어들고 있고 부모님의 생신이나 환갑잔치 등도 해외여행으로 대체하는 추세라 금 수요처가 점차 줄어들고 있는 것도 금 보유량이 줄어드는 이유 중에 하나다.

그런데 세계 금 보유량 5위와 6위에 머무는 중국과 러시아가 미래 미국 달러의 의존도를 줄이기 위해 계속해서 금을 매입하고 있다. 불안한 달러화에 대한 해지용으로 금을 사들이고 있는 것이다. 실제로 중국이 보유하고 있는 금이 미국을 넘어선 1만 t 이상일 것이라고 주장하는 사람도 있다.

미 정보당국이 중국의 실제 금 보유량을 알고 있지만 절대로 일반에 공개하지 않고 있다는 것이다. 만약 중국의 실제 금 보유량이 대중에게 공개된다면 달러화의 가치가 급격히 떨어질 우려가 있고 달러를 주축으로 한 미국 경제가 큰 충격에 빠질 것이라는 것이다.

비트코인은 2014년 이후에는 매년 10배 이상씩 올랐다. 그런데 비트코인이 8년 동안 값이 이렇게 많이 오를 동안 일반인들 대부분이 그런 것이 있는지조차 알지 못했다. 겨우 3년 전부터 값이 폭등하기 시작하면서 세간에 조금씩 알려졌을 뿐이다. 2018년부터 2020년까지는 지금까지의 8년과는 비교조차도 할 수 없는 일이 일어날 것이다.

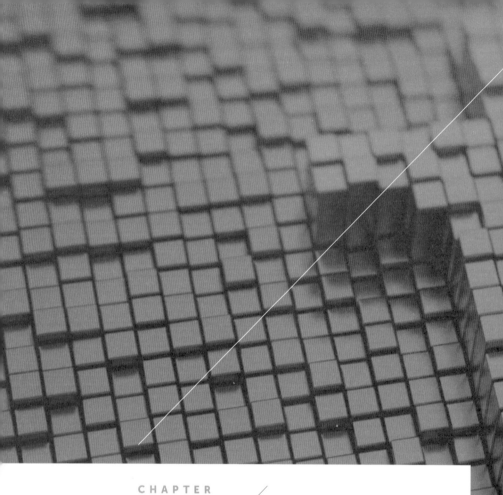

비트코인의
희소가치는
어떻게 될까

CHAPTER 08

비트코인의 희소가치는 어떻게 될까

비트코인은 4년마다 절반씩 줄어든다

2009년도에 비트코인이 채굴되기 시작해 2104년까지 2,100만 개의 비트코인이 채굴된다. 현재까지 약 1,600만 개 정도가 채굴되어진 것으로 알려져 있지만 추정하건대 상당 부분이 유실되어지고 없다는 것이다. 비트코인 사용자들이 컴퓨터를 포맷하는 과정에서 없어진 것도 있고 보관하고 있던 지갑을 분실하거나 비밀번호를 잊어버려서 찾지 못하는 등 없어진 비트코인이 상당히 많은 것으로 보인다.

손실되거나 지갑을 잃어버리거나 비밀번호를 잊어버려서 찾을 수 없는 비트코인 때문에 현재 비트코인의 수는 훨씬 작을 것이며 정확한 개수를 확인할 수 있는 방법이 없다. 하드웨어 오류로 포맷을 하다가 비트코인이 손실되기도 한다. 또한 비트코인 소유자가 갑작스러운 사망 등으로 인해 찾지 못하는 경우도 있을 수 있다.

명확하지는 않지만 이런저런 경우의 수로 2016년 후반에 채굴되어진 비트코인의 25%인 약 400만 개가 손실되거나 분실된 것으로 파악하고 있다. 결국 2,100만 개의 희소성이 강한 비트코인은 분실되어 없어진 개수를 빼고 나면 숫자가 더 줄어들어서 그 희소성이 더해지고 있는 것이다. 수많은 알트코인들이 등장하는 가운데에서도 비트코인은 이미 코인계의 중심에서 기축통화의 자리를 굳혔다.

대한민국 국민에게 1개의 비트코인을 나누어 준다고 하더라도 3분의 1밖에 나누어 줄 수 없는 숫자이다. 더구나 전 세계 60억 인구로 환산하면 자그마치 경쟁력은 285명당 1개의 비트코인을 가질 수 있다. 앞으로 비트코인이 100만 달러가 될 것이라는 전망이다. 한화로는 약 11억이다. 가치분석가 루니 모아스**Ronnie Moas**는 2020년에는 비트코인이 200만 달러가 될 것이라고 예측했다. 세그윗**SegWit** 프로토콜의 활성화로 비트코인은 시가총액 900억 달러의 시장으로 성장했다. 비트코인의 시가 총액은 현재 전체 암호화폐 시장의 약 50%를 차지하고 있다.

비트코인은 4년마다 그 채굴량이 절반씩 줄어든다. 코인마켓 캡에 따르면 비트코인의 일일 거래량은 약 40만 BTC이며 전 세계에서 매일 1,728개의 비트코인이 채굴을 통해서 생성되고 있다.

2009년 첫 채굴 시에는 10분마다 50비트코인씩 채굴되었으나 4년 뒤인 2013년 말에는 25비트코인으로 채굴량이 줄었으며, 또 4년 뒤 2016년 7월에는 12.5비트코인으로 줄었다. 이렇게 4년마다 채굴량은 계속 반으로 줄어든다. 2020년에 채굴량은 절반으로 줄게 되어 하루에 채굴되는 비트코인의 수는 864개가 될 것이다.

2024년에 또다시 채굴량이 절반으로 줄게 되어 하루 432개가 될 것이고 2028년에는 216개가 채굴될 것이며, 2032년경에는 거의 모든 비트코인 중 98.4%가 채굴이 완료되게 된다. 그 이후 약 70여 년 동안에 나머지 1.6%의 비트코인을 채굴하기 위해서 전 세계에 흩어져 있는 채굴업자들이 혈안이 될 것이다. 2017년 12월 현재까지 채굴된 비트코인은 약 1,672만 개이다.

바뀌고 있는 부자 지도

최근 Forbes가 선정한 세계 최고 갑부대열에서 보면 1위는 17년 동안 세계 최고의 갑부로 자리하고 있는 마이크로소프트 창업자인 컴퓨터 황제 빌 게이츠로 그의 재산은 894억 달러이다. 우리 돈 약 103조 2천억 원에 이른다. 2위는 아마존 창업자인 제프 베저스로 자산은 839억 달러이며 약 96조 8천억 원에 이른다.

3위는 자자를 키운 스페인 기업가 아만치오 오르테카로 약 802억 달러이며 우리 돈으로 약 92조 5천억 원이다. 4위는 세계적인 투자자 워런 버핏으로 769억 달러이며 약 82조 7천억 원이다. 5위는 페이스북 창업자 마크 저커버그가 647억 달러로 약 74조 7천억 원이다.

이더리움 창업자인 비탈릭 부테린은 1994년생으로 2017년 한국 나이로 치면 24에 불과한 청년이다. 10대 때부터 코딩으로 온라인 게임을 제작하고 보통 5개 국어를 구사하는 언어 능력을 갖추고 있다고 한다. 보통 '젊은 재벌' 하면 마크 저커버그를 떠올리겠지만 조만간 비탈릭 부테린을 떠올리게 될 것이다. 현재로서는 그의 자산을 가늠할 수가 없다고 한다.

한국에서도 최근 몇 년 사이에 암호화폐로 상당한 부를 축적한 젊은 신흥 부자들이 많이 탄생했다. 앞으로 더욱 많은 젊은이들이 암호화폐 시장에서의 기회로 부자가 되기를 바라며, 한국암호화폐의 위상을 더 높이는데 일조해 주기를 바란다.

황금이 금빛을 잃고 있다

금은 고대로부터 황실의 장식품에 애용된 귀한 금속이다. 오랜 시간이 지나도 변하지 않는 금은 신랑신부에게 필수예물로 사랑받고 있으며, 아기 돌잔치에는 장수를 기원하고 황금처럼 빛나는 인생이 되기를 축복하는 귀중품이다. 또한 화폐의 기준이 되던 금태환 시기도 있었다. 그러나 최근에 금이 금값을 못 하고 있으니 금을 보유하고 있는 사람들의 낯빛이 예전 같지 않다. 한때 온스당 1,300달러 넘나들던 금값이 계속 하락하고 있다.

화폐의 가치는 인플레 현상 때문에 지속적으로 서서히 하락한다. 또 국가의 경제 상황에 따라 변동이 심하고 무분별하게 국채를 발행했던 아르헨티나와 그리스는 국가 모라토리움_{채무 상환 불이행}으로 화폐가치가 어떻게 급락하는지를 보여준다. 계란 한 개를 사기 위해 지폐뭉치를 리어카에 실어가야 했던 아프리카국가 짐바브웨의 상황은 우리가 목숨처럼 굳게 지키고자 하는 화폐가 순식간에 휴지처럼 변할 수 있다는 것을 보여주는 극명한 예다.

위 사진은 1,000억 짐바브웨 달러 지폐 위에 달걀 3개를 올려놓고 있는 모습이다. 달걀 한 개에 350억 짐바브웨 달러니까 계란 3개를 사려면 1,050억 짐바브웨 달러가 필요하다. 최근에 37년 간의 독재정권에서 물러난 아프리카 국가 중 하나인 짐바브웨는 인플레 현상에 대한 산 교훈을 여실히 보여주었다(사진: 2008년 7월 24일 국민일보 발췌).

미래는 디지털화폐 시대

'제2 경술국치'라고 불렀던 1997년, IMF에 구제금융을 신청했던 대한민국은 온 국민들이 저마다 장롱 속 깊숙이 넣어두었던 금반지를 하나둘씩 들고나와 나라를 다시 일으켜 세우는 데 써달라고 '금 모으기 운동'을 펼치기도 했다. 우리에게는 금 이상의 금값을 했던 소중했던 금이기도 하다.

수천 년의 세월을 가치의 중심에 서 있던 그 금이 이제 아날로그 시대 종이화폐의 종언을 고하고 새로운 디지털화폐 시대를 선언하는 비트코인의 가치에 밀려 그 빛을 잃고 있다고 하면 너무 비약적인 표현인가? 비트코인의 값이 수개월 사이에 수십 배씩 뛰어오르는 와중에 금 보유자들의 시선이 비트코인으로 옮겨가고 있는 것은 당연한 현상이다.

가까운 시기에 금 거래 자금이 비트코인 쪽으로 얼마나 옮겨갈지는 불을 보듯 뻔하다. 이런 상황에 금 거래 가격은 계속 하락할 수밖에 없다. 황금이 예전의 영광을 되찾을 수 있는 시대가 다시 올지는 현재로서는 알 수가 없다. 물론 귀금속으로서의 가치만큼은 영원하겠지만 말이다.

비트코인을 대처하는
각국의 모습

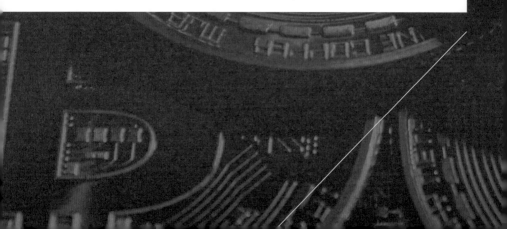

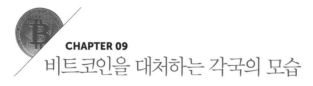

CHAPTER 09
비트코인을 대처하는 각국의 모습

비트코인으로 대영제국을 꿈꾸는 영국

영국은 비트코인에 대한 규제를 어떤 식으로 할 것인지에 대한 세부계획을 마련하지 않은 시점에서 다른 어느 나라보다도 가장 빠르게 화폐로 인정을 했다. 영국에서는 ICO에 대한 규제가 거의 없는데 이는 영국정부가 비트코인 규제를 안전성 확보를 위한 것보다는 암호화폐 시장의 패권선점을 하려는데 더 관심이 있기 때문이라고 분석하고 있다.

세계 금융거래의 상당 부분을 차지하고 있는 최대 금융허브 국가인 영국이 비트코인을 화폐로 인정했다는 것은 비트코인의 암호화폐의 기축통화 역할에 힘을 실어주고 있는 형국으로 다른 나라의 비트코인 정책에 상당한 영향을 미칠 것이다.

비트코인은 태생부터가 국가권력에 종속된 화폐경제 체제를 정면으로 부정하는 개념에서 탄생했다. 따라서 국가로부터 그 신용을 인정받는다는 것은 정부 주도의 금융허브로 밀고 나가겠다는 뜻이다.

영국 조세 당국인 왕립 세무청HM Revenue & Customs은 비트코인에 부과되던 부가가치세VAT를 폐지하기로 했으며, 비트코인 거래자가 얻은 이익에 대해서도 과세하지 않기로 했다. 영국이 공식적으로 비트코인을 화폐로 인정하겠다는 의미로 읽혀서, 비트코인시장에서는 이 소식을 비트코인 등장 이후 최대의 뉴스로 받아들이고 있다.

미국과 일본은 비트코인을 디지털화폐로 인정하기보다는 '재산으로 규정'하는 반면, 영국은 비트코인을 '디지털화폐'로 인정해 제도권으로 끌어들임과 동시에 런던을 디지털 금융의 중심지로 키우는 정책을 펴고 있다. 이에 발맞추어 영국 재무부는 디지털화폐에 관한 규정을 수립하고 영국인이 더 편리하고 안전하게 디지털화폐를 사용할 수 있는 제도적 환경을 구축하고 있다.

덧붙여 영국 재무장관은 "영국을 비트코인 및 다른 유사 디지털화폐의 글로벌 중심지로 만들 수 있는지 알아보기 위해 디지털화폐의 가치와 잠재력을 연구할 정부차원의 프로그램을 가동하겠다."라고 밝혔다. 한편 런던 'Mayfair art gallery'가 예술품을 거래할 때 여섯 종류의 디지털화폐로 결제할 수 있다는 소식이 알려져 화제가 된 바 있다. 이는 미술관으로서는 처음으로 디지털화폐 결제를 도입한 사례가 된다.

영국은 EU 연합에 참여하지 않고 자국 통화정책 주권을 유지하고 있으나 유로존에 가입하지 않아 EU와의 마찰이 심화되고 외교 갈등을 일으키고 있는 영국 입장에서는, 비트코인을 통해 간접적으로 주요 기축통화에 대한 외부영향력을 행사할 수단을 마련하고 있다고 볼 수 있다.

뒤늦게 법제화를 서두르는 한국

대한민국에서 가장 괄목할 만한 성장세를 보이고 있는 시장은 바로 암호화폐 시장이다. 최근에 암호화폐를 바라보는 시각에 급격한 변화가 일어났는데 단순히 비트코인을 다단계, 피라미드, 폰지 사기로 인식했던 것을 이제는 미래 성장 산업의 한 축이 될 수 있다는 인식의 변화가 일어났다. 이러한 인식의 빠른 전환은 수많은 투자 커뮤니티를 양산하고 있고, 비트코인의 미래 전망에 대해서 관심을 갖는 사람의 수도 기하급수적으로 증가하고 있다.

특히 올해 들어 암호화폐의 관심이 급속도로 확산되어 과열 수준에 이르고 있는데 규제 당국은 칼을 빼 들었다. 국내에서 ICO **암호화폐로 자금을 조달**를 불법으로 간주하고 금지하는 한편 암호화폐 규제 법안을 정부안으로 발의할 계획이다.

정부안은 암호통화 시장의 '지원책'이 아니라 '규제책'에 가까운 내용이 들어 있다. 규제를 하려면 근거 법안이 있어야 하는데, 그동안 금융위원회는 암호화폐에 관심 있는 몇몇 국회 의원실과 협의를 통해 암호화폐에 관한 법안을 발의하려고 여러 차례 시도했다.

의원입법은 의원 10명 이상이 동의하면 법안 발의가 가능하지만, 정부입법 절차를 밟으면 통과에까지 적어도 6개월은 걸리기 때문이다. 그러나 서둘러 정부 입법을 진행하는 것은 국회의원들이 법안을 만드는데 차일피일 미루고 있어서다. 물론 국회에서도 법안 마련을 준비하고 있는 것으로 알려져 있지만 전문가들마다 다른 목소리를 내는 데다 산적한 정치적 일정 등이 겹쳐서 언제 발의될지 알 수 없는 탓이다.

현재 거래소에 원화를 입금하고 출금하려면 은행이 거래소와 연계된 가상계좌를 발급해 줘야 한다. 법안이 마련되면 규약이 강화되고 규약을 어기면 은행이 가상계좌를 발급해주지 않게 되므로 거래를 할 수가 없게 된다. 규약 위반에 따른 제재가 상당히 강력한 셈이다.

한국은 암호화폐를 암호통화라고 부르는데, 법안에는 암호화폐 관련업을 유사수신 업으로 규정하고, 암호화폐를 통한 자금조달을 하는 ICO는 전면 금지하며, 거래소 인가제는 안 된다는 기조를 법안에 담을 것으로 알려졌다. 다만 고객 자산을 별도로 예치하는 등 소비자 보호 장치를 마련할 때에만 예외적으로 허용할 예정이다. 정부 입법 절차에 들어가더라도 당장 거래소가 문을 닫는 일은 없어야 할 것이다.

한국은 조금 앞선 과거에 IT 강국의 토양이 있는 나라다. 세계 최고의 인터넷 보급률과 최고의 인터넷 속도를 자랑한다. 면적이 작은 탓도 있지만 시골 구석구석, 산간벽지까지 인터넷 회선이 깔리지 않은 곳이 드물다. 모바일 보급률도 100%를 넘어섰다. 국민 인구 수보다 많은 핸드폰 회선 가입수를 자랑한다. 각종 규제를 자율화한다면 전자화폐를 위시한 각종 암호화폐의 실용화를 앞당길 수 있는 가장 최적화된 토대는 이미 갖추어져 있는 셈이다.

세계적인 상황은 암호화폐 산업을 미래성장 동력의 한 축으로 받아들이고 발 빠르게 제도권 안으로 끌어들이고 있는 반면에 도리어 한국은 전격적으로 ICO 금지 조처를 내렸다. 따라서 관련 업체들은 울며 겨자먹기 식으로 스위스나 싱가포르 쪽으로 눈을 돌려 비싼 외화를 낭비해가면서 해외에서 ICO를 진행하고 있는 형편이다.

한국의 O2O 플랫폼 기업들이 4차 산업혁명의 모태가 된 블록체인기술을 활용한 다양한 실용코인 개발을 빠르게 실용화시켜나가고 있다. 이제 블록체인 기반의 산업 활성화를 위하여 정부차원에서 발 벗고 나서야 할 때이다. 어쩌면 블록체인이라는 미래화폐 산업이 한국의 우수한 인프라를 기반으로 한, 세계 일류 경제국가로 도약할 수 있는 마지막 기회라고 해도 과언이 아닐 것이다.

올림픽으로 비트코인 상용화하겠다는 일본

일본은 2016년 5월에 비트코인을 법정화폐로 공식 인정했다. 일본에서는 비트코인 같은 암호화폐를 암호통화라 칭하는데 암호화폐에 소비세 등 세금을 물리지 않는다는 점을 명확하게 법으로 규정하였다. 일본도 초기에는 암호통화에 대하여 부정적인 말이 많았다. 그렇지만 이후 암호통화에 대해 연구를 하게 되면서 인식이 바뀌기 시작한 것이다. 그 결과 이제는 기업들이 앞다투어 비트코인 채굴사업에 진출을 서두르고 있다.

현재 일본은 비트코인을 적극적으로 도입하여 각종 소매점 및 여행, 호텔, 항공 등 각종 결제 서비스 분야에서 비트코인 결제 방식을 빠르게 도입하고 있다. 카드 결제도 선호하지 않던 일본이 비트코인을 이처럼 빠르게 도입하는 것은 일본 금융 전문가들과 국가 정책 의사 결정자들의 생각이 반영된 것이며 이는 단지 변동성만 보고 일본이 이 시장에 뛰어든 것이 아니라 비트코인의 미래 전망과 가치를 보고 국가적 차원에서 빠르게 시장 진입을 선택한 것으로 보인다.

일본에서는 국가가 암호통화를 인정하는 대신 지금까지 해오던 거래소 운영 방식을 전면적으로 개정하여 새로운 방식에 따라 고객들의 자산을 분리 관리하는 곳만 인가해주고 있다.

지금까지 11개 회사의 암호통화 거래소를 인가해 주었는데 인가의 기준에는 법정화폐, 암호화폐 모두 예치금으로 별도로 분리 관리하도록 했는데 이는 만일의 경우 거래소가 도산하더라도 고객자산은 분리 관리하여 투자자를 보호할 수 있어야 한다는 것이다.

또한 해킹 대책과 서버 다운 등을 예방할 견고한 금융거래 시스템을 갖추는 것이 들어있다. 한편 일본에서는 계좌 개설자의 본인 확인이 안 되면 계좌 개설이 안 된다. 또한 마피아 및 폭력 단원 등은 계좌 개설을 할 수 없다. 자금세탁 등 부정한 거래를 엄격하게 감시하기 위함이다.

일본의 기업들도 비트코인을 새로운 수익원으로 삼고 비트코인 채굴을 선언하고 있는 기업이 늘어나고 있다. 중국이 사실상 독점하고 있는 채굴사업에 진출하여 목소리를 키우겠다는 것이다. 일본은 비트코인 거래량 기준으로는 현재 세계 1위지만 영향력은 그다지 높지 않다. 일본 내 외환거래자금 및 주식 투자자 상당수가 암호화폐로 투자처를 옮기고 있는 만큼 더 늦기 전에 암호화폐 시장에서 영향력을 키워 나가겠다는 전략이다.

현재 중국 채굴 업체들의 시장 점유율은 70%를 상회하고 있으며, 상위 9개 기업 중 8곳이 중국 업체이고 나머지 한 곳도 체코 기업이다. 일본으로서는 자존심이 상하는 일이다.

때마침 최근 들어서 중국 정부가 비트코인에 대한 규제를 강화하고 있는 것을 일본 기업들은 기회로 보고 있다. 중국 정부는 위안화 해외유출을 막겠다며 개인의 외환투자에 상한선을 설정했다. 급기야 중국당국은 암호화폐의 주된 자금 조달 방식인 ICO를 불법으로 규정하고 비트코인 거래소 영업을 잠정 중단시킨 바 있다. 암호화폐의 첫 법정화에 나섰던 일본은 제도 안착을 위해 암호화폐 투자 시세차익을 세금으로 거둬들이는 보완책을 준비하고 있다.

이중과세 논란을 잠재운 호주

호주 정부도 비트코인 같은 암호화폐가 불법무기거래 등에 사용될 우려가 커지자 미국 등의 사례를 들어서 규제 쪽으로 가닥을 잡았다. 2015년에 호주의 주요 은행들이 비트코인 및 암호화폐 신생 기업 및 서비스 제공 업체에 대한 은행 계좌를 갑작스럽게 폐쇄했다. 이로 인해 호주 내의 비트코인 및 블록체인 부문의 대부분의 회사는 싱가포르, 일본, 한국 및 홍콩과 같은 규제가 덜한 나라로 옮겼다.

호주에서는 비트코인을 구입할 때 GST한국의 부가가치세 개념를 지불해야 하며 비트코인을 사용하여 제품을 구매할 때 다시 GST를 지불해야 한다. 비트코인을 사용하여 제품을 구매하거나 서비스 비용을 지불하려고 한다면 즉, 비트코인은 상품이나 자산으로 취급되어 구매 시 GST를 내야 한다. 이렇게 구매한 비트코인으로 물건을 살 경우, 물품에 대한 GST를 또 내야 하기 때문에 이중과세 논란이 되어왔다.

그렇던 호주 정부가 핀테크 및 비트코인 산업을 복구하기 위해 비트코인에 대한 이중과세를 제거한다고 발표했다. 2017년 7월 1일부터는 GST가 비트코인을 구매할 때만 적용되며 비트코인으로 상품이나 서비스를 구매할 때는 적용되지 않도록 했다. GST가 비트코인 같은 디지털 통화 구매 시에만 적용되도록 해서 이같은 디지털 통화 이용이 활성화되고 비트코인과 그 보안 기반인 블록체인기술을 활용하는 핀테크 산업의 동반성장도 기대하고 있다.

호주 정부는 2017~2018년 예산 보고서에서 비트코인 사업 개선을 위한 생태계를 만들고 호주에서 사용하는 다른 형태의 화폐처럼 다루게 되는 것을 검토하겠다고 했다. 블록체인 관련 산업이 세계적으로 활성화되는데 따른 선점 기회를 놓칠 수 있다고 판단한 것으로 알려졌다.

호주 의회는 비트코인을 합법적인 통화 형태로 채택하도록 호주 연방 준비 은행에 공식 요청했고 초당적 제안이 정부에 의해 승인되면, 비트코인은 마침내 공식 통화로 인정될 것이다.

겉으로는 규제를 강화하는 중국

비트코인 등 블록체인 방식의 암호화폐가 중국 당국에 강한 규제를 받으며 전환기를 맞고 있다. 중국 정부는 비트코인을 돈세탁과 금융 피라미드 방식의 불법 자금모집, 자본유출 수단으로 지목하기 시작했다. 최근 중국 정부는 금융 리스크 억제 등 안정을 최우선으로 하는 국정운영 기조를 내세우고 있다. 암호화폐에 대한 중국의 입장은 단호하다. 비트코인 민간 거래도 차단할 것이라고 밝혔다.

2017년 9월 초 중국 당국은 암호화폐의 주된 자금 조달 방식인 ICO를 불법으로 규정하고 본토 안에 있는 모든 암호화폐 거래소를 폐쇄하라는 명령을 내렸다. 이후 중국 3대 암호화폐 거래소인 훠비火币닷컴과 BTC차이나, OKCoin 등이 10월 말까지 모든 암호화폐 거래를 중단하겠다고 발표했다.

하지만 ICO에 대한 투자는 여전히 이루어지고 있다. 중국의 규제로 인해 기존 ICO에 투자되었던 비트코인**BTC**과 이더리움**ETH**이 환불되어야 했고, 이로 인해 오히려 단기적인 BTC와 ETH의 수요가 늘어나게 되었다. 중국 투자자들은 여전히 비트코인을 거래하고 ICO에 참여하고 있고 더 많은 암호화폐의 매매가 OTC 시장을 통해 이루어지고 있다.

중국 투자자들은 모바일 메시지 플랫폼을 이용하여 P2P 직거래를 시도하였다. 많은 OTC 비트코인 거래들은 원래 WeChat, Tencent의 메시지 앱을 사용하였다. 하지만 감시에 관한 우려로 인해 많은 거래자들은 텔레그램 등 보안성이 뛰어난 플랫폼으로 이동하기도 한다. 중국 당국의 비트코인과 암호통화에 대한 규제가 일시적일 것이라는 주장이다. 중국이 당 대회를 앞두고 국제기구와 강경한 공산주의자들을 달래기 위해 비트코인을 규제하는 것으로 일시적인 규제일 것이라는 견해다.

롱아일랜드대학 경제학과 교수 무르두쿠타스는 장기적으로 비트코인이 중국의 일상적인 거래를 하게 될 것이며, 통화 자산으로서 위안화를 대체할 가능성이 높다는 전망을 내놓았다. 중국의 규제로 인해 가장 난처하게 된 것은 중국 내 채굴자들이다. 특히 그동안 전기료가 저렴한 간쑤 지방, 내몽고 지역에서 비트코인 채굴을 해왔던 사업자들에게는 큰 시련이 되고 있다.

하지만 규제를 하는 가운데서도 중국은 7년간 33조 원의 비용으로 항저우를 블록체인의 도시로 만들 계획을 추진 중이며, 정부 주도로 여러 가지 종류의 자체 암호화폐를 개발하려고 노력하는 등 암호화폐에 대한 끊임없는 관심을 보이고 있다. 표면적으로는 끊임없이 규제하려고 하는 것과는 정반대의 움직임을 보이고 있는 것이다.

공식적으로는 중앙은행인 인민은행을 통해 제도권 금융기관의 비트코인 서비스를 금지했으나 민간인의 비트코인 채굴은 방조하고 있다. 기축통화인 달러화 패권을 가진 미국과의 화폐전쟁에서 비트코인을 무기로 사용하기 위함이다.

주마다 다른 정책을 펴고 있는 미국

2017년 11월 말, 암호화폐 비트코인 가격이 처음으로 1만 달러를 돌파했다. 올해 초 1천 달러 아래였던 비트코인 가격이 1년도 채 안 돼 10배 이상 상승한 것이다. 일부 금융 당국이 비트코인 사용을 제한하는 방침을 밝혔음에도 불구하고 급격한 상승을 이끈 요인이 무엇인지 명확하지 않다.

미국 CNBC 방송은 세계 최대 비트코인 거래소인 비트플라이어가 미국 진출 계획을 밝힌 것과 미국 최대 암호화폐 거래소 코인베이스의 신규 가입자가 하루 만에 약 10만 명 늘었다고 CNBC가 보도한 것이 호재로 작용했을 것이라고 분석했다. 코인베이스는 비트코인, 이더리움, 라이트코인 등 주요 암호화폐를 거래할 수 있는 미국 최대 코인 거래소로 현재 약 1,190만 명의 고객을 보유하고 있다.

비트코인의 이러한 활약에도 불구하고 미국 내에서도 비트코인의 투자 가치에 대한 전망이 극명하게 엇갈리고 있다. 여전히 상승 가치가 있다는 전망이 있는가 하면, 실체가 없어 언제든지 무너질 수 있는 대표적인 투기 거품이라는 회의적 시각도 있다.

한편, 미국이 가장 우려하는 것은 암호화폐가 테러리즘에 이용될 가능성을 우려하고 있다. 암호화폐 중에서도 다크 코인들은 추적이 불가능하다는 것을 이용하여 IS와 같은 초 국제적 범죄 조직과 마약, 아동포르노에 이용될 가능성이 충분하기 때문에 핀테크 혁신의 발전을 저해할 수준이 아닌 선에서 이러한 단체들이 암호화폐를 이용하여 자금 조달하는 것을 막을 정책을 따져보아야 한다는 것이다.

암호화폐 규정에 관해서 미국의 국회의원들은 서로 다른 견해와 관점으로 언쟁을 벌이고 있다. 한쪽에서는 비트코인을 규제하는 게 바르다고 하지만 다른 한쪽에서는 비트코인 자신의 시장에 맡겨야 한다고 말하고 있다.

2017년 현재 미국 내에서는 비트코인 등 암호화폐에 관련한 입법절차가 계속해서 진행 중이다. 각 주의 입법 관련 사항을 둘러보자. 네바다주는 입법부가 블록체인 과세 방지 법안을 승인하여 블록체인 관련 과세가 없는 미국 최초의 주다. 앞으로 블록체인의 잠재적인 용도가 무한하다고 보고 네바다의 기업가들이 경제를 혁신시키고 발전시킬 것으로 보고 있는데 네바다주의 이런 처지가 다른 주의 법안 제정에도 영향을 미칠 수 있을 것으로 보인다.

일리노이주에서는 블록체인기술의 혁신에 대해 끊임없는 지원을 계속해서 제공할 것으로 보인다. 비트코인 기술이 일리노이주의 금융 혁신에 기여할 것이라는 점에 대해서도 낙관적으로 바라보고 있는 것이다. 워싱턴주에서는 비트코인 거래를 포괄하는 새로운 규칙을 만들기 시작했는데 암호화폐의 정의를 명확히 하고 온라인 암호화폐들에 대해서 보증금을 반드시 유지할 것을 요구하고 있다.

캘리포니아주에서는 뉴욕의 비트라이선스에 상응하는 캘리포니아의 의회 법안이 제안되었다. 일단 통과만 된다면, 이 법안은 가상통화 법을 제정하게 될 텐데, 사업 감독관에 의해 공식적으로 면허를 발급받거나 이러한 요구사항을 면제받지 않는 한, 암호화폐를 이용한 사업을 할 수 없게 된다. 이 법안이 만약 통과된다면 뉴욕이 법률 시행 이후 암호화폐 허브로서의 명성과 지위를 잃은 것처럼 캘리포니아에서도 악영향을 미칠 것으로 보인다.

플로리다주 의회에서도 법안이 통과되었는데 '암호화폐'라는 용어가 플로리다의 자금 세탁 방지법에 기초한 '화폐 법률 문서'의 주요 정의에 공식적으로 추가되었고 이 법안은 돈세탁을 위한 암호화폐 사용을 규제하고 금지할 것이다.

하와이에서는 암호화폐 거래소 운영자가 고객이 보유한 양과 동일한 양의 돈을 보유해야 한다는 비실용적인 규제 정책이 시행되고 있다. 따라서 미국 최대의 거래소인 코인베이스는 하와이에서 고객 지원 중단을 발표한 바가 있다. 하지만 하와이에서도 디지털 통화에 대한 분석과 블록체인기술에 중점을 둔 집단을 만드는 법안을 검토 중이므로 이 법안이 통과되면 규제의 방면에서 긍정적인 전망을 기대해도 좋을 것이다.

비정부 형태의 통화를 믿는 경향이 매우 강한 뉴햄프셔주와 텍사스주에서는 이렇다 할 규제가 아직 없다. 이렇듯 미국이 하나의 목표를 가지고 각각의 주가 자기 나름대로 법률을 시행하고 있지만, 결국 귀결되는 것은 블록체인기술의 발전을 저해하지 않는 선에서 올바른 규제를 하게 될 것으로 보인다.

미국 사람들도 암호화폐 사용자들 사이에 적당한 규제와 균형이 필요하다고 믿는다. 정확한 규제 환경이 있어야만 기업들이 전략적 결정을 내리는 데 도움이 된다는 것이다. 미국 시카고상품거래소CME는 연내 비트코인 선물계약을 하겠다는 계획을 발표했다. 이는 비트코인이 주류 금융시장에 편승할 수 있다는 뜻으로도 해석할 수 있다. 비트코인 선물 시장이 열리면 기존 금·원유 등 상품처럼 코인을 거래할 수 있게 된다.

이에 투자자는 이전보다 쉽게 코인을 거래할 수 있을 뿐 아니라 은행 또는 무역회사와 같은 기관 투자자가 변동성이 높은 암호화폐로 가격 변동을 헤징hedging·위험회피 할 수 있을 것이라는 기대감이 증폭되는 상황이다.

암호화폐로 금융허브를 지킨다, 싱가포르

싱가포르 사람들도 비트코인의 열풍에 동참하고 있는데 비트코인 채굴기가 특히 인기를 끌고 있다. 비트코인을 비롯한 암호화폐의 놀라운 성장과 함께 많은 사람들이 채굴로 부가 소득을 창출하고 있는데 수많은 신흥부자가 탄생하고 있다. 싱가포르에서는 코인하크와 큐오인 같은 암호화폐 거래소의 사용자 수가 2017년 한 해에만 두 자릿수로 증가했다.

한편, 디지털화폐를 취급하는 싱가포르 스타트업 테넥스가 세계 최대 신용카드사 비자카드와 손잡고 비트코인 등 암호화폐와 현금의 입출금이 동시에 가능한 체크카드를 선보였다. 테넥스가 비자 선불카드를 통해 디지털 통화인 암호화폐를 현금처럼 사용할 수 있게 된 것이다.

비자카드와 함께 만든 체크카드는 비트코인 등 여러 종류의 암호화폐를 달러나 엔화, 유로화 등으로 즉각 바꾸어 쓸 수 있다는 장점이 있다. 기존에 지불해야 했던 카드 수수료 2% 역시 부과되지 않는다. 암호화폐 환전 수수료 **0.15%~0.2%** 정도의 비용만 부담하면 되는 것이다. 출시 이후 지금까지 약 1만 장 이상의 발급 신청이 접수됐으며, 2,000달러로 제한된 연간 결제금액도 카드 사용자의 신청에 따라 거래 한도를 늘릴 수 있다.

현재 이 직불카드는 비트코인부터 대시**Dash**나 어거**Augur**까지 총

8개의 디지털 통화로 환전이 가능하다. 테넥스는 2017년 연말까지 서비스가 지원 가능한 통화 수를 11가지로 확대할 계획이다. 2018년까지 한 달 거래액 1억 달러, 이용자 100만 명 유치를 목표로 하고 있다고 한다.

사실 비트코인 등 크립토커런시^{암호화폐}의 최대 단점은 화폐가치의 등락 폭이 너무 커서 실제 통화로 쓰기 어렵다는 것이다. 암호화폐 거래 순위 1위를 차지하고 있는 비트코인 역시 지난달 최고 거래치를 기록한 뒤 급등락을 거듭하고 있어 안전 자산으로 평가받지 못하고 있다.

테넥스는 이런 단점을 보완하기 위해서 암호화폐를 저장했다가 쓸 수 있는 '디지털 지갑' 개념의 자체 애플리케이션을 개발했다. 음식점, 영화관, 카페 등에서 소비자가 비자 직불카드로 결제하면 현지 통화로 지불되며, 지불 액수만큼 소비자의 계정에서 암호화폐가 현지 통화로 바뀌어 인출되는 구조이다. 가격 변동성이 커 실물 통화로 쓸 수 없던 암호화폐를 비자카드라는 수단을 통해 현실 세계로 끌어내 현지인들로부터 주목을 받고 있는 것이다.

싱가포르에서 암호화폐의 인기는 테넥스의 투자금 조달방식에서도 드러났다. 새로운 암호화폐를 발행해 자금을 조달하는 ICO^{Initial Coin Offering}를 통해서 테넥스는 토근 판매만으로 투자 자금의 절반에 이르는 8,000만 달러^{한화 약 880억}의 모금에 성공했던 것이다. 한편, 싱가포르는 현재 핀테크 산업을 전반적으로 육성하는 데 초점을 맞추고 있다.

화폐개혁과 암호화폐 두 마리의 토끼를 잡는 인도

인도 역시 비트코인이 불법 자금의 세탁이나 국제 테러 단체를 지원하는 모금 수단으로 사용될 가능성을 가장 우려하고 있다. 그럼에도 불구하고 세계적인 흐름을 거스를 수 없는 비트코인 합법화 논쟁에서 인도 정부의 고민도 깊어지고 있다.

13억 명의 인구와 세계 7위의 경제 규모, 정보기술IT 산업에서 세계 최고의 독보적인 경쟁력을 갖고 있다고 인정받고 있는 인도가 비트코인을 합법화하게 된다면, 일본의 비트코인 합법화에 버금가는 효과를 예상할 수 있다는 것이다. 일본의 암호화폐 합법화는 당시 1,000달러대에 머무르던 비트코인 가격을 한 달 반 만에 세배에 달하는 3,000달러까지 끌어올린 결정적 계기가 되었다. 인도의 합법화 역시 비트코인과 암호화폐 시장을 한 단계 도약시킬 것으로 판단하고 있는 이유이다.

그러나 얼마 전까지만 해도 인도인들은 비트코인에 대해 상당히 무심해 했다. 금과 현찰처럼 손으로 만질 수 있는 것이 아니라면 그것이 은행의 잔액이라고 해도 믿으려고 하지 않는 인도인들이기에, 누구나 컴퓨터로 채굴할 수 있는 비트코인이 돈보다 훨씬 가치 있

149

게 다가오는 것을 받아들이기까지는 상당한 혼란이 있었을 것이다.

그러한 인도인들이 비트코인에 눈을 뜨게 된 계기는 나렌드라 모디 총리의 야심 찬 디지털 인디아 프로젝트 덕분이다. 블록체인 기술로 정부의 문서와 행정 처리뿐만 아니라 금융까지도 IT 대국이라는 이미지에 걸맞게 전자화하겠다는 야심 찬 발표를 했기 때문이다.

만연한 인도의 지하경제 규모는 전문가들조차 어림짐작할 뿐이다. 대략 5,000억 달러에서 1조 4,000억 달러에 달하는 지하자금이 인도 밖으로 흘러나와 국제적으로 통용되고 있을 것으로 추정하고 있을 뿐이다.

방대한 규모의 지하경제를 근절시키고 인도를 세계 일등 국가로 도약시키겠다는 공약에 힘입어 모디 총리는 정권을 교체했다. 모디 정부는 뇌물과 탈세를 뒷받침하는 현찰 문화가 인도 사회에 깊이 뿌리박고 있기 때문에 충격요법만이 해결책이라고 생각했다.

2016년 11월 인도 정부는 시중 통화량의 87%에 달하는 고액권의 사용 금지를 명하고 기존 사용화폐에 대한 1,000/1 단위 화폐개혁을 단행했다. 2억3,000만 명이나 되는 사람들이 평생 은행 계좌 하나 없이 드넓은 대륙의 농촌에 흩어져 살아가는 나라에서는 파격적인 조치였다. 화폐개혁 단계에서 찾아오는 인플레 염려를 잠재우고 혼란이 가라앉자 서서히 은행 계좌가 늘어났으며 지하경제가 위축되는 등 가시적인 성과도 나오고 있다.

이 무렵부터 비트코인에 관심이 치솟았다. 기존 화폐의 유통이 중단되는 동시에 중앙 통제를 일절 받지 않는 비트코인의 수요가 늘어나게 된 것이다. 전 세계 비트코인 거래액 중 11% 정도를 인도 시장이 뒷받침하고 있을 정도로 인도에서의 암호화폐 시장 규모도 커졌다.

비트코인에 대한 인도인들의 급작스러운 관심은 가격 프리미엄으로 나타났다. 인도는 비트코인이 가장 비싼 값에 거래되는 나라다. 보통 300달러에서 500달러까지 웃돈을 주어야 살 수 있다. 인도 정부는 왜 과감하게 비트코인과 암호화폐들을 전면적으로 금지하지 않는 것일까. 그것은 인도와 같이 국가의 통제가 느슨한 나라에서 비트코인을 전면 금지하게 되면 오히려 부작용만 더 커질 수 있다는 것을 정부 관계자들이 인식하고 있기 때문이다.

규제 당국 쪽에서 보면 모든 정부는 당장이라도 자국 화폐와 비트코인을 거래하는 온라인 거래소를 폐쇄할 수가 있다. 단 거래소 폐쇄에 대한 효과를 보기 위해서는 전 세계 모든 정부가 동시에 거래 중지를 선언해야만 효과를 볼 수가 있다. 어느 몇몇 국가에서만 금지를 하게 되면 오히려 거래소가 열려 있는 다른 국가들로 자본이 옮겨가는 자본 유출 효과만 나타날 수 있기 때문이다.

하지만 어차피 은행 계좌가 없는 인도 국민들은 온라인 거래소를 이용하지 않는다. 비트코인을 얻기 위해 반드시 거래소를 통하거나 사람을 상대해야 하는 것도 아니다. 인도인들은 직접 만나 현찰을 주고받는 거래에 익숙하기 때문에 비트코인도 그런 방식으로 얼마든지 확산될 수 있다. 이런 거래를 일일이 쫓아다니면서 막을 수는 없다. 결국 인도에서는 온라인 거래소의 폐쇄가 미치는 영향이 제한적일 수밖에 없다.

또한 비트코인을 비롯한 암호화폐는 컴퓨터와 전기만 있으면 채굴을 통해서도 비트코인을 얻을 수 있다. 인도는 IT 강국이다. 인도가 전 국민들의 인터넷 사용을 전면 금지하는 파격적인 조처를 하지 않는 한 인도처럼 더 넓은 땅 곳곳에서 이뤄지는 채굴을 금지한다는 것은 현실적으로 불가능하다.

이런저런 이유로 인도 정부는 암호화폐거래의 전면적인 금지보다 양성화를 통해 비트코인이 갖고 있는 블록체인의 속성을 잘 활용하는 편이 경제적으로도 유익하다는 것을 알고 있다. 더구나 은행이 가깝게 있지 않은 농촌 주민들이 모바일을 통해 각종 암호화폐 코인을 거래할 수 있게 된다면, 현찰 거래를 없애고 투명한 금융을 앞당기는 수단이 될 수도 있다.

인도에서도 수많은 코인이 개발되어 여러 종류의 코인을 거래하고 있다. 실제로 인도에서는 카드사와 연계하여 각종 코인으로 상하수도 요금이나 전기세 등의 결제가 가능하고 일부 소매점과 가맹점을 통한 코인 거래 시스템이 빠르게 확산되고 있다.

비트코인의 성지로 불리는 독일의 베를린

독일의 수도인 베를린은 비트코인 성지로 불린다. 베를린은 다양한 국적의 사람이 모인 국제도시인 데다 통화 환전의 부담이 없는 비트코인은 매력적일 수밖에 없을 것이다. 더구나 베를린에는 많은 신생 IT 개발자들이 많이 모여 있어서 비트코인 커뮤니티가 굉장히 활성화되어 있다.

비트코인을 금융상품의 하나로 인정하고 전 세계에서 가장 먼저 비트코인을 법정화폐로 인정한 나라가 바로 독일이다. 2013년 8월에 비트코인을 온라인시장에서 거래 가능한 수단으로 인정하고 사용하기 시작한 것이다.

이처럼 독일이 다른 나라보다 빠르게 비트코인에 대하여 친화적인 정책을 펼치는 것에는 독일인들이 정부나 은행 등의 기관에 대한 반감을 많이 가지고 있기 때문이기도 하다. 정부에서는 세금을 많이 떼고 은행 이용은 까다롭고 문턱이 높아 편리하게 쓸 수 있는 제도가 아니라는 생각이 강한 것이다. 거기에 더해 자신만의 것을 갖고 싶어 하는 문화적인 성향이 기존 금융시스템을 거부하는 탈중앙화된 비트코인을 빠르게 수용하게 되는 이유다.

법정화폐로 인정한 만큼 비트코인 거래로 발생한 차익에 대해서는 세금을 부과하고 있다.

독일에서 일반적인 주식 또는 채권의 양도소득세 규모는 순이익의 약 25% 수준이다. 비트코인을 통한 재화나 서비스의 제공, 즉 상거래에서 발생하는 부가 이득에 대해서는 과세를 하고 있지만 개인 간의 사적 거래에 대해는 과세를 하지 않는다.

따라서 과세가 없는 비트코인을 통한 차익매매는 투자가에게 상대적 장점으로 작용할 수 있다. 또한 채굴을 통해 획득된 비트코인에는 양도소득세가 부과되지 않으며 주식이나 채권처럼 투기 목적으로 구매된 비트코인에 대해서만 세법이 적용되므로 비트코인 채굴기 사업은 독일 사람들에게 매력적일 수밖에 없을 것이다.

독일 내의 일반 소매점이 가맹점 수수료와 세금부담이 가중되는 카드 사용을 꺼리는 점도 비트코인 사용을 부추기는 요인이 되고 있다. 비트코인 결제를 허용하지 않는 아마존 등 온라인 상점도 해당 기프트 카드를 통한 비트코인 간접결제가 가능하므로 온라인 쇼핑도 활발하다.

비트코인으로 버스를 탈 수 있는 프랑스

프랑스 행정당국은 비트코인을 긍정적으로 평가하고 그에 따르는 여러 가지 정책을 펼치고 있다. 지극히 보수적인 프랑스도 비트코인이 사회에 해가 되지 않는다고 판단한 것이다. 프랑스 행정당국은 비트코인을 큰 경제력을 가진 나라 사이에 벌어지는 힘 싸움이라고 규정하고 글로벌 경쟁에 뒤처지지 않기 위해 노력해야 한다고 평가했다. 행정당국은 비트코인의 위험성도 인정하지만 중요하게 생각하지 않고 있다.

2017년 6월 파이낸셜 타임스Financial Times에 따르면, 프랑스의 한 자산관리사가 유럽 최초의 비트코인을 중심으로 한 뮤추얼펀드를 론칭 했다고 발표했다. 암호화폐 시장에 기관투자가들을 유치하기 위한 최초의 시도를 보여주는 것이다.

이 뮤추얼펀드의 출시는 프랑스의 최고 금융감독기구 중 하나인 AMFAutorité des Marchés Financiers로부터 승인을 받은 후 이루어진 것이다. 향후 수년에 걸쳐 이 펀드가 무려 4억 달러한화 약 4,000억원 상당까지 성장할 것이라는 낙관적인 전망도 내놓았다.

프랑스 금융감독원ACPR이 비트코인 거래소를 합법화하고 있다. 허가를 받은 사람은 비트코인 거래소를 운영할 수 있는 것이다. 비트코인 거래를 하는 플랫폼인 거래소는 신용카드 회사나 결제회사, 전자화폐 기관과 같은 등록된 회사를 통해 거래를 해야 한다.

프랑스에서 3번째로 큰 버스회사인 Isilines는 온라인 거래소인 Paymium과 제휴를 맺고 6개월 동안 시범적으로 비트코인을 받기 시작했다. 아직은 기존의 신용카드 결제보다는 효율 면에서 뒤떨어지고 비트코인으로 결제하는 비율이 여전히 부족하지만 6개월간의 시험기간 이후 암호화폐 도입에 대한 결정을 할 것이라고 밝혔다.

아시아 금융허브 홍콩, 비트코인 오프라인 거래소

홍콩 정부와 기업은 비트코인과 같은 암호통화의 블록체인기술이 금융서비스와 제조업에 이르기까지 홍콩 산업 전반에서 확산될 것으로 보고 서둘러 관련 제도를 정비하고 있다. 암호통화 부문에서 아시아의 허브자리를 놓치지 않겠다는 것이다.

홍콩의 기업은 빠르게 움직였다. 2014년 1월 홍콩 비트코인 거래소ᴬᴺˣᴮᵀᶜ는 국제금융센터와 센트럴 등 홍콩 내 주요 명소에서 10홍콩달러약 1,400원 상당의 비트코인 쿠폰이 든 빨간색 봉투일종의 세뱃돈 5만 장을 비트코인 홍보차원에서 지나가는 행인들에게 나눠주었다. 총 50만 홍콩달러약 6,900만 원 상당의 비트코인 쿠폰을 새해 선물로 뿌린 것이다.

그리고 그해 2월 28일 홍콩 서부 Sai Ying Pun지역에 약 400평방피트약 11평 크기의 오프라인 거래소를 개설했다. 홍콩에 개설된 최초의 비트코인 오프라인 거래소이자 세계 최초의 오프라인 거래소이다. 당시 비트코인을 사려는 사람은 거래소에 가서 현금을 내면 비트코인 디지털 지갑으로 바로 받을 수 있었다. 홍콩에서 비트코인을 구매할 때는 홍콩 정부의 자금세탁 방지법에 따라 신분증과 주소지 증명서류를 제출하는 등 본인확인 절차를 거친다.

당시는 세계 최대 비트코인 거래소였던 일본의 마운트곡스Mt Gox가 파산을 신청한 상태여서 관련 업계가 뒤숭숭할 때였음에도 불구하고 ANXBTC의 최고경영자는 비트코인에 대한 전망을 지극히 낙관적으로 보고 오프라인 거래소 사업을 강하게 밀어붙이며 세계 최고 금융기업인 다운 면모를 보인 것이다.

당시 중국 인민은행이 금융기관의 비트코인 취급을 금지하면서 바이두와 알리바바와 같은 거대 온라인 업체가 비트코인 거래를 중지한 상태였다. 중국의 특별행정구인 홍콩은 지금까지 비트코인에 대해서는 중국 규제당국의 입장을 따르지 않고 있으며 비트코인 거래에 대한 특별한 규제를 강화하지 않고 있다.

자체적으로 디지털통화를 개발하고 무역대금 송금과 모기지 신청, 전자수표 추적 등 다양한 금융서비스에 블록체인 시스템을 접목하기로 하고 다각도의 노력을 기울이고 있다. 이는 중국 본토 정부가 암호통화에 대해서 규제의 고삐를 더욱 죄는 것과는 대조적이다.

중국이 비트코인 등을 통한 자금조달인 암호통화 공개ICO를 금지하고 현지 암호통화 거래소의 거래 중단을 지시하면서 오히려 홍콩의 허브 도약 전략이 더욱 탄력을 받을 전망이다. 홍콩은 ICO 규제에 있어서는 중국과 달리 미국의 흐름을 선택하고 있다.

CHAPTER

10

비트코인의 미래를
읽어본다

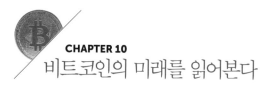

비트코인의 미래가치는 어떻게 될까

2009년 비트가 처음 만들었을 때 0.3원의 가치가 있었다. 월가의 대표적인 비트코인 비관론자인 투자전략가이자 펀드스트렛 글로벌 어드바이저스의 공동 창업자인 톰 리Tom Lee는 CNBC TV에 출연해서 지속적으로 상승세를 보이는 것은 비트코인뿐이라고 말했다.

그는 금과 마찬가지로 한정된 자원인 비트코인의 경우 앞으로 채굴되는 양과 속도가 금의 전체 비중으로 환산한 것보다 훨씬 적을 것이라며 비트코인이 안전성이 보장된 가치저장 수단으로서의 강점을 갖춘다면 그 가치는 5만 달러 이상 오를 것이라고 말했다.

미국 트럼프 대통령이 당선된 후 금값은 10% 인상되었다. 비트코인은 같은 시기에 500% 뛰었다. 세계 금 거래소에 거래량은 한화로 약 8,700조에 달한다. 암호화폐 거래소의 거래량은 약 107조 원으로 추산된다.

금 거래소에서 거래되는 금액의 10%인 870조만 암호화폐 시장으로 이동해도 약 8배 이상 투자금 유입이 되는 것이다. 그 투자금이 암호화폐를 끌어올리면 얼마나 오를 것인지 짐작할 수 있다. 그런데 투자 자본의 속성상 투자 수익이 극대화되고 있는 암호화폐 시장에 고작 10%만 유입되겠는가 하는 것은 불을 보듯 명확하다.

이미 비트코인은 월가에 안착이 되었다. 앞으로 월가에서 움직이는 자금의 10% 이상은 암호화폐 시장으로 이동할 것으로 예측한다. 앞으로 30년 뒤에 우리의 수명은 130세가 된다. 대다수의 사람들이 알지도 못하는 사이에 비트코인은 무려 100만 배가 뛰었다.

그렇다면 다가올 또 다른 10년 후에는, 우리가 인식하든 그렇지 않든 또다시 100만 배가 뛰지 말라는 법은 없지 않은가? 폭스TV에서는 어쩌면 10년 뒤에 비트코인이 10억 달러가 될 것이라고 예측했다고 한다. 즉 2027년에 한화로 1조가 된다는 것이다.

FX 외환 거래량은 하루 3,000조, 10%만 이동해도 300조다

외환거래 시장인 FX는 하루에 약 3,000조 원이 거래되고 있다. 자본의 특성은 수익이 높은 곳을 찾아 이동하게 되어 있다. 외환시장의 자금 역시 상당 부분이 5년 이내에 비트코인으로 이동할 것이다. 그중 10%만 옮겨와도 300조 원이다. 비트코인의 상승가치는 충분히 예상되고도 남는다.

앞으로 5년 뒤면 각국의 화폐정책에서 동전은 점진적으로 사라지게 되고 앞으로 생산비용이 많이 드는 지폐를 찍어내는 나라가 없어질 것이다. 어차피 미래는 전자화폐로 옮겨갈 수밖에 없는 시대다. O2O플랫폼 시대가 열려서 이미 간편 결제가 대중화되고 있는 것이 현실이다.

우리나라만 하더라도 연간 카드 사용금액이 800조 원을 넘어섰다. 카드 소비가 늘어났다는 얘기는 현금 사용이 그만큼 줄었다는 간접증거다. 사실 우리에게 돈은 이미 숫자의 개념에 불과하게 된 지가 오래다. 모든 돈의 거래는 디지털화되어서 은행을 넘나들고 있고, 카드 대금을 막기 위해서 은행에 지불하는 돈도 통장에서 통장으로 이체만 하면 될 뿐이다.

이제는 편의점에서 물건을 살 때도 동전을 찾아보기가 어려운 시대가 되었다. 800원짜리 라면을 하나 사면서도 카드로 결제를 하는 것이 다반사이기 때문이다. PAY 시장을 선점하기 위해서 모든 은행들이 경쟁을 하고 있고 카카오 그룹도 온라인에서 사용되던 카카오페이를 온라인으로 접목하기 위해서 막대한 자금을 투입하고 있다. 네이버 페이도 사용자가 급증하고 있고 삼성페이, 페이코 등의 대기업도 페이 시장에 뛰어들고 있는 것이다.

이미 중국은 불과 5년 만에 알리바바 그룹이 전자결제 시장을 개척하여 중국인들의 80%가 넘는 인구가 전자결제를 사용하고 있다. 재래시장에서도 지폐나 동전을 찾아보기가 힘들다. 채소 가게에서도 튀김 가게에서도 모두 큐알코드를 이용해서 간편 결제를 사용하고 있는 것이다. 이제는 간편 결제인 페이 시장을 넘어 전 세계가 통용하는 암호화폐 시장으로 넘어간다.

미래가치, 나무를 보지 말고 숲을 보라

많은 언론에서 비트코인의 폭 등락을 우려하며 비판적인 뉴스를 내보내고 있다. 비판의 논지는 5년 전이나 3년 전이나 지금이나 똑같다. 변한 것이 있다면 더 많은 일반 국민들이 비트코인과 암호화폐에 대해서 알게 되었다는 것이다. 다만 긍정적 관점이냐 부정적 관점이냐의 차이만 있을 뿐이다.

대부분의 사람들은 뉴스에서 비판적인 뉴스가 나올 때마다 철렁이는 가슴을 쓸어내리면서 "이거 어떻게 되는 거 아니야? 괜히 시작했어." 또는 "돈에 미친 사람들, 내가 안 하길 잘했지." 하면서 위안으로 삼고 있을 터이다. 그런데 어찌하랴, 전 세계 상위 1%의 사람들은 지금도 꾸준하게 비트코인을 사들이고 있다는 사실을.

한국 거래소를 규제할 것이라는 정부 발표가 있고 신규 코인 상장을 자제한다는 등의 블록체인 협회 명의의 보도자료를 보면서 일반인들이 술렁이고 있다. 이럴 때 딱 맞는 얘기가 있다. "나무를 보지 말고 숲을 보라." 이 말은 거시경제를 바라보는 시각을 얘기할 때 늘 사용하는 얘기다. 또한 각 분야의 전문가들이 후학들에게 입버릇처럼 충고할 때 쓰는 말이기도 하다.

이미 화살은 활시위를 떠났다. 한국이라는 자그마한 나라가 어떻게 한다고 해서 세계 암호화폐 시장이 흔들릴 것 같은가? 비트코인 하나만 하더라도 시가 총액이 300조를 넘어섰다. 웬만한 나라의 일 년 예산을 뛰어 넘는다. 전체 암호화폐 시장의 규모는 일반인들의 상상을 초월한다.

암호화폐에 투자하는 사람들에게 당부하기는, 부디 단기적인 관점보다는 장기적인 관점으로 투자하기를 권면한다. 1년, 3년, 5년 뒤를 내다보고 갈 것을 당부드린다. 이미 1년 전에 암호화폐 시장에 뛰어든 사람과 3년 전에 뛰어든 사람의 차이가 어떻게 변화되어 있는지가 그 증거가 될 것이다. 물론 전제 조건은 부화뇌동하지 않고 꾸준하게 갖고 있는 것을 전제로 하는 말이다.

내 주위에도 "비트코인이 1,500원 할 때 10만 비트코인을 샀었다."는 둥, "20만 원 할 때 30비트 샀던 것을 지금까지 가지고 있을걸 괜히 그때 팔았어!" 하면서 땅을 치고 후회하는 사람들이 부지기수다. 그런데 희한하다. 내가 아는 선배는 분명 비트코인이 몇만원 할 때 많이 사둔 걸로 아는데, 몇 비트를 샀는지 지금까지도 얘기를 하지 않고 그냥 빙그레 회심의 미소만 짓고 있다.

비트코인 10년 안에 100억 간다

제목만으로도 참으로 황당하다. "100억이 무슨 장난감 이름도 아니고 도무지 실현가능한 얘기이겠는가?" 그렇다. 분명히 정신 나간 소리다. 아내에게 얘기했더니 "제발 어디 가서 그런 엉뚱한 얘기 하지 마시라."며 타박만 들었다. 얼굴이 화끈거린다. 내가 얘기하고서도 도무지 믿기지 않는다. 정말 그렇게 될까? 그런데 어찌하랴. 수학적 예견이 쉽게 틀리지는 않는다는 것쯤은 이미 알고 있을 터. 아주 조심스럽게 계산을 해보았다. 혹여 욕먹게 될까 봐 그것도 아주 보수적으로…. 먼저 지난 9년 동안의 비트코인 가격 변동을 살펴보았다.

연도	비트코인 가격
2017	20,000,000원
2016	800,000원
2015	220,000원
2014	600,000원
2013	100,000원
2012	7,000원
2011	1,500원
2010	10원
2009	0.3원

비트코인이 세상에 나온 다음 해인 2010년에 겨우 10원 정도의 값어치를 보였던 것이 1년 뒤인 2011년에 150배를 기록하더니 2015년을 제외하고 해마다 평균 10배씩은 상승했다.

2016년 초반에는 50만 원 정도 하던 비트코인이 2016년 연말에는 110만 원 정도 했으니 2016년에만 두 배 조금 넘게 상승했다. 2017년 한 해 동안만 비트코인 값이 20배를 뛰어 2,000만 원이 되었다. 1,000만 원이 될 때까지 8년이 걸렸는데, 천만 원에서 2천만 원이 되기까지는 단 10일도 필요치 않았다.

2017년 12월 현재 비트코인 가격이 2,000만 원을 넘었으니 현재 가격을 기준으로 앞으로 오를 가격을 예상해 보았다. 매년 100%씩 즉, 그냥 단순하게 한 해에 두 배씩 값이 오르는 것을 예상해서 표를 만들어 보았다.

연도	비트코인 가격	햇수
2018년 12월	40,000,000원	1년 뒤
2019년 12월	80,000,000원	2년 뒤
2020년 12월	160,000,000원	3년 뒤
2021년 12월	320,000,000원	4년 뒤
2022년 12월	640,000,000원	5년 뒤
2023년 12월	1,280,000,000원	6년 뒤
2024년 12월	2,560,000,000원	7년 뒤
2025년 12월	5,120,000,000원	8년 뒤
2026년 12월	10,240,000,000원	9년 뒤 100억
2027년 12월	20,480,000,000원	10년 뒤 200억

놀랍다. 그냥 1년에 1배씩만 상승한다는 가정하에 그린 도표다. 10년 뒤에 200억 원이다. 너무 놀라워서 절반을 뚝 잘랐다. 그래도 100억 원이다. 그런데, 그런데 말이다. 지금까지 한 해에 10배씩 오른 가격에 훨씬 못미치는 계산, 즉, 6개월에 2배씩 상승하는 것을 계산해 보았다. 못이기는 척하고 계산한 결과다.

연도	비트코인 가격	햇수
2018년 6월	40,000,000원	
2018년 12월	80,000,000원	1년
2019년 6월	160,000,000원	
2019년 12월	320,000,000원	2년
2020년 6월	640,000,000원	
2020년 12월	1,280,000,000원	3년
2021년 6월	2,560,000,000원	
2021년 12월	5,120,000,000원	4년 뒤면 51억
2022년 6월	10,240,000,000원	
2022년 12월	20,480,000,000원	5년 뒤면 200억
2023년 6월	40,960,000,000원	
2023년 12월	81,920,000,000원	6년 뒤면 810억
2024년 6월	163,840,000,000원	
2024년 12월	327,680,000,000원	7년 뒤면 3,200억
2025년 6월	655,360,000,000원	
2025년 12월	1,310,720,000,000원	8년 뒤면 1조 3천억
2026년 6월	2,621,440,000,000원	
2026년 12월	5,242,880,000,000원	9년 뒤면 5조 2천억
2027년 6월	10,485,760,000,00원	
2027년 12월	20,971,520,000,000원	10년 뒤면 20조 9천억

너무 놀라서 가슴이 쿵쾅거린다. 잘못된 계산인가 되짚어 보았다. 10년 뒤 20조가 된단다. 상상하고 싶지 않다. 이건 그냥 해프닝으로 넘기자. 물론 8년 동안에 값이 뛰었던 것에 비하면 6개월에 두 배쯤은 단숨에 뛰어넘었던 숫자였지만, 이건 좀 아닌 것 같다. 그냥 앞의 도표에 눈길을 보내기로 했다. 10년 이내에 200억 원, 계산 값에서 100% 경감하고 100억 원을 예상했으니 그나마 위안을 삼기로 한다. 실현 가능한 숫자다.

그래서 이번에는 소심하게 최저치로 계산해 보았다. 2년에 1배가 상승한다는 가정이다. 물론 이 대목에서 독자들은 알고 있을 것이다. 이 정도 상승은 오히려 말이 안 된다는 것을. 아래 도표를 보자.

연도	비트코인 가격	햇수
2019년 12월	40,000,000원	2년 뒤
2021년 12월	80,000,000원	4년 뒤
2023년 12월	160,000,000원	6년 뒤
2025년 12월	320,000,000원	8년 뒤
2027년 12월	640,000,000원	10년 뒤 6억4천

평균 2년에 100%씩 상승할 것을 예상한다는, 말도 안 되는 계산이다. 갑자기 너무 싱거워졌다. 이렇게 놓고 보면 오히려 이 계산이 더 말이 안 되는 예상가격이다. 오히려 1년에 100% 상승하는 예상 금액이 더욱 현실감 있게 다가온다. 그래서 결국 10년 뒤 100억 원에 방점을 찍게 된다.

그런데 가만히 생각해 보자. 정말 많이 양보해서 현재 2,000만 원 하는 비트코인이 겨우 평균 2년에 두 배가 뛴다고 하더라도 10년 뒤면 6억 원이 넘는다. 약 30배다. 지금 1비트를 사두고 장롱 속에 넣어두었다가 10년 뒤 꺼내면 6억 원이 된다고 한들 이게 어디 적은 돈인가? 물가 상승률을 훨씬 상회하고도 남는 금액이 되는 것이다.

JP모건이 비트코인에 무릎을 꿇었다

비트코인의 확장성에 역사적인 사건이 2017년 12월 5일에 있었다. JP모건의 부대변인이 비트코인이 "디지털 시대의 NEW GOLD가 될 것"이라고 발표한 것이다.

골드만삭스, 모건스탠리, JP모건 등의 세계적 투자 금융사들은 그동안 끊임없이 비트코인에 대해 비판적인 기사를 쏟아내 왔다. 그린스펀 전 연준 의장조차도 "사람들은 아무짝에도 쓸모없는 종류의 것들을 산다."면서 비트코인을 결국 휴짓조각이 된 미 독립전쟁 당시 전쟁자금 마련을 위해 마구 찍어댔던 대륙화폐에 빗대어 비판했다.

대륙화폐는 독립전쟁 당시에 미 대륙의회가 전쟁자금 마련을 위해 발행하면서 금과 은을 기초로 하지 않고 필요할 때마다 발행한 세계 최초의 불태환 화폐였다. 그 화폐는 1775년 발행됐고, 1782년

이 되자 휴짓조각이 되었던 화폐다. 이처럼 대규모 투자 집단들이 부정하고 싶어하던 비트코인이었다.

특히 JP모건 최고경영자인 제이미 다이먼은 암호화폐 기술인 블록체인의 가치는 높게 보면서도 비트코인은 사기이고, 결국은 거품이 꺼지고 말 것이라고 비판의 날을 세웠던 인물이다. JP모건이 비트코인은 사기라고 발표하는 순간 1,300달러 하던 비트코인이 1,000달러 이하로 폭락했었다. 그런 JP모건이 드디어 비트코인을 순 자산으로 인정을 하는 역사적인 사건이 된 것이다. 한마디로 JP모건이 비트코인에 무릎을 꿇은 역사적인 날인 것이다. 세계는 JP모건의 발표에 또 한 번 충격을 받았다.

일련의 사건은 비트코인이 금과 같은 가치로 인정받았다는 단순한 차원이 아니다. 지금까지는 금이 아날로그 시대의 기축통화였다면 미래의 디지털 시대에는 비트코인이 가축통화 역할을 하게 된다는 '비트코인의 신세계'가 열렸음을 선언하는 것과 다름아니기 때문이다. 마치도 미국의 독립선언과 같은 파급력이다.

금을 대체하는 새로운 가치기준 '뉴골드 비트코인', 미래 디지털 화폐 시대를 이끌어갈 비트코인의 새 이름이다.

미국 사람들도 암호화폐 사용자들 사이에 적당한 규제와 균형이 필요하다고 믿는다. 정확한 규제 환경이 있어야만 기업들이 전략적 결정을 내리는 데 도움이 된다는 것이다. 미국 시카고상품거래소^{CME}는 연내 비트코인 선물계약을 하겠다는 계획을 발표했다. 이는 비트코인이 주류 금융시장에 편승할 수 있다는 뜻으로도 해석할 수 있다. 비트코인 선물 시장이 열리면 기존 금·원유 등 상품처럼 코인을 거래할 수 있게 된다.

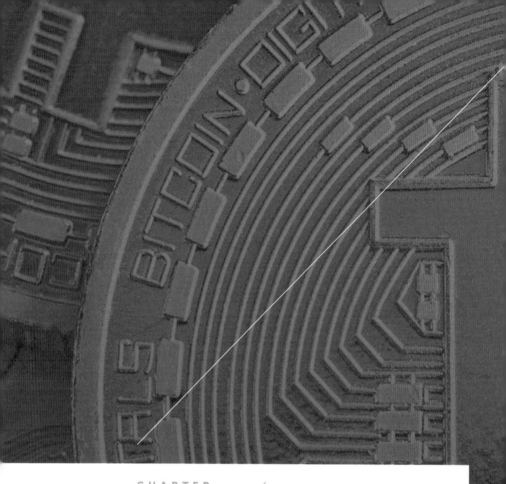

암호화폐로
돈을 버는 방법들

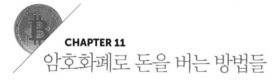

암호화폐로 돈을 버는 방법들

기회는 찾는 자의 전유물

드디어 기회가 찾아왔다. 이 기회의 선물은 의도하지도 않게 부지불식간에 암호화폐라는 이름으로 우리의 시대 속으로 불쑥 들어온 것이다. 암호화폐의 기회는 준비된 자뿐만 아니라 정보를 듣고 먼저 잡는 사람 누구에게나 수혜가 돌아갈 것이다. 먼저 듣고 움직인 사람들의 상당수가 이미 그 수혜를 잔뜩 누리고 있는 것이 그 증거이니 너무 두려워하지 말았으면 하는 것이다. 지금은 늦지 않았을까? 의문이 들 수도 있을 테지만 어떤 의미로는 아직 시작도 안 했다고 해도 과언이 아니다.

지금의 시대를 '정보화 시대'라고 한다. 진정한 의미는 첨단 통신과 디지털 기술, 그리고 빅데이터를 활용한 분석 등의 테크놀로지를 강화한 의미인데, 여기서 말하는 정보화는 그야말로 돈이 되는 '핫한 정보'를 얘기한다. 누구에게 어떠한 정보를 취득하고 자신이 먼저 활용하는가에 따라 경제의 지도가 바뀌는 것이다.

암호화폐 돌풍은 2018년 하반기가 되면 자본을 운용하는 많은 투자자들 사이에서 최대 이슈가 될 것이다. 보수적인 투자가들에게 아직 비트코인은 안전 자산으로 인식되기에는 이르다. 더구나 일반인들에게는 더더욱 뜬구름 같은 얘기로 들린다. 투기는 위험하고 바람직하지 않은 것으로 교육받은 대다수 국민들의 눈에 암호화폐는 여전히 두려운 투기의 장으로 보이고 따라서 암호화폐로 돈을 번 사람들은 그저 운이 좋은 사람일 뿐 자신과는 전혀 무관한 것처럼 애써 외면하고 있을 뿐이다.

암호화폐가 보편적인 미래의 결제수단으로 자리 잡게 된다는 것은 미래학자들도 누차 밝히고 있듯이 거부할 수 없는 하나의 현상이 되었다. 대한민국의 블록체인 개발회사들이 2018년 하반기부터 일반 가맹점에서 암호화폐를 사용할 수 있는 콘텐츠를 상용화시킬 목적으로 활발하게 움직이고 있다. 따라서 2019년 이후는 일반 가맹점에서 암호화폐를 사용하는 것이 확산되어 기존의 화폐자리를 점령해 나가기 시작할 것이며, 문화 콘텐츠와 연결되어 하나의 놀이나 게임처럼 암호화폐가 우리의 일상생활 속에 깊숙이 자리 잡기 시작할 것이다.

2017년 한 해만 돌아보더라도 암호화폐 시장이 얼마나 성장했는지를 알 수 있다. 외국 거래소는 아니더라도 한국 거래소에 상장된 10여 개의 암호화폐가 2017년 연초 대비 비트코인은 20배, 이더리움은 100배, 대시코인은 6배, 라이트코인은 10배, 이더리움 클래식은 3월 상장대비 3배, 퀀텀코인은 10월 상장해서 불과 2개월 만에 3배가 상승했으며, 모네로코인은 8월 상장대비 4개월 만에 3배 상승했다. 리플코인은 1년 내내 지루한 횡보를 하다가 최근에 급등하여 연초 대비 10배 이상 상승했다.

해외 거래소에 상장된 1,300여 코인들의 흥망성쇠는 일일이 다 들여다볼 수는 없지만 상장 때보다 하락한 코인들도 수두룩하다. 더구나 거래소에 상장도 하지 못하고 투자자들의 애를 태우는 코인들이 상장된 코인보다 수십 배가 더 많다는 사실을 잘 알고 있어야 낭패 보는 일이 없을 것이다.

암호화폐 시장은 낙폭의 편차가 워낙 크기도 하지만 거래의 정보가 거의 없기 때문에 일반인들에게 단타매매를 권장하지 않는다. 적금을 들 듯이 기술력과 마케팅 능력이 있는 코인을 잘 선택해서 매입을 한 후, 적어도 6개월에서 1년 정도는 묻어 둔다고 생각하는 편이 좋겠다. 매시간 가격의 오르내림에 따라 순간의 기분마저 좌우되는 중독현상에서 벗어나고자 하면 말이다. 오죽하면 코인 페인이라는 신조어가 나오겠는가? 돈을 좇지 말고 다스리라고 하지 않는가? 암호화폐의 노예가 되지 말고 지배하는 사람이 되자. 단기투자만 아니라면 적어도 앞으로 3년 정도는 암호화폐 시장에서 무난하게 이익을 거둘 수 있을 테니 즐기듯이 장기투자로 갈 것을 권면하는 바이다.

특히나 한국에서 개발되는 좋은 암호화폐에 투자하여 1년, 2년 정도 보유하고 있으면 좋은 결실을 거둘 수 있을 것이다. 전 국민이 암호화폐 한두 종목 정도를 보유하고 있기를 권면한다. 온 국민이 지금보다 더 잘 살 수 있는, 이렇게 좋은 기회가 우리 시대에 다시 찾아올까 싶으니 말이다. 개인의 경제가 나아지면 삶도 여유로워질 터이고 씀씀이가 나아지니 사회경제적으로도 순환이 잘 되어 제조 기반 산업의 투자와 일자리 창출은 물론 서비스 산업의 발달과 문화콘텐츠도 활발해질 것이며, 더불어 국민 소득 3만 불 시대를 넘어 4만 불 시대를 앞당기게 될 것이다.

암호화폐의 성공 여부는, 기술력은 기본이지만 더욱 중요한 것이 마케팅력이다. 아무리 좋은 기술로 제품을 생산해도 어떻게 소비자에게 어필하는가가 중요하듯이 사물인터넷에 상용화되는 것은 기본이지만 실용코인으로서 일반 소비자들이 즐겨 사용할 수 있도록 알리고 홍보하는 것에 따라 암호화폐의 가치를 결정짓는 것이니만큼 개발사의 기획력과, 마케팅능력, 그리고 사회적인 영향력을 두루 살펴보고 투자한다면 암호화폐는 가까운 미래에 훌

177

륭한 자산이 될 것이다.

암호화폐 투자기회는 무한정 있지 않다

세상에는 돈 버는 직업군이 다섯 가지가 있다. 공무원과 직장인, 개인 사업가, 기업가, 그리고 투자가 등으로 분류할 수가 있다. 열심히 공부하는 학생들에게 "공부를 왜 하냐?"고 질문을 하면 득달같이 돌아오는 대답이 있다. "공부가 좋아서 하는 사람이 어디 있어요? 그냥 성공하려고 하는 거지요!" 그렇다. 공부를 잘하면 좋은 직장에 취직을 할 수가 있고 돈도 많이 벌 수 있고 그렇게 해야만 부자가 되고 성공하는 지름길인 것처럼 교육을 한다.

그런데 희한하게도 세상은 정해진 법칙대로 가지 않는다. 동창회에 한번 갔다 오면 한결같이 하는 얘기들이 있다. 중학교 때 반에서 최하위권을 맴돌며 늘상 말썽만 부리던 친구가 모처럼 동창회에 고급 외제차를 타고 나타나서 주는 명함을 받아보니 자본이 천억대가 넘는 어느 벤처기업의 대표다. "인생은 성적순이 아니더라." 라는 말을 실감하게 되는 순간이다.

말단 공무원에서부터 장·차관급까지 월급은 받지만 일반 직장인들과는 다른 안정감을 주는 직업이 공무원이다. 그래서 언제나 희망 직업군 중에서 상위권을 차지하고 있다. 좋은 성적을 내는 최상위권 학생들은 같은 공무원이지만 다른 클래스로 살아간다. 국민들의 세금으로 나라에서 주는 월급을 받는 것은 같지만 장·차관이나 법관처럼 명예를 천직으로 여기고 살아가는 고급 공무원은 대부분 자신의 적성과 성적순으로 선택을 한다. 정말 공부를 잘하는 성적순으로 살아가는 사람들만이 갈 수 있는 모범적인 케이스라 할 수 있겠다. 일단 학생이라면 공부를 열심히 하자. 공부를 잘하면 그만큼 선택의 폭이 넓어지는 것이 사실이니까!

그다음이 대기업에 입사를 하는 것이 목표인 사람들이다. 일단 대기업에 입사를 하면 주변에서 많은 축하를 해주고 또 부러워들 한다. 과장, 부장으로 승진을 하면서 높아가는 연봉과 성과급에 만족하면서 가정을 이루고 행복하게 꿈을 키워간다. 그런가 하면 아무리 상위권 대학을 우수한 성적으로 졸업을 했어도 계약직도 마련하지 못해서 취업난에 시달리는 청년들이 허다한 것도 현실이다. 월급을 받아 보는 게 소원인 사람들이 많은 현실은 비단 우리나라만의 문제는 아닌듯하다.

세 번째가 개인 사업가다. 어릴 적 친구는 공부에 취미를 갖지 못하고 고등학교를 졸업하자 바로 취직을 하더니 어느 날 작은 인쇄소를 차렸다. 지금은 꽤 잘나가는 출판사를 운영하고 있다. 어떤 친구는 직장생활의 스트레스를 견디지 못하고 턱 하니 사표를 내더니 그토록 꿈에 그리던 작은 식당을 개업했다. 장사가 썩 잘 되는 게 아니어서 그 속은 어찌 되는지 알 수가 없으나 그래도 사장이라는 타이틀에 만족하고 산다. 또 어떤 친구는 영업에 소질이 있어 직장 생활을 10년 정도 하다가 그만두고 마케팅 회사를 차려서 직접 뛰어다니더니 지금은 직원 몇 명을 두고서 그럭저럭 운영하고 있다. 이처럼 공장이든 식당이든 자신이 직접 경영하는 개인 사업가들이 우리나라 전체 산업의 20%를 넘는다.

네 번째가 기업경영이다. 요즘은 1인 기업도 많지만 전통적인 기업 경영이라고 하면, 영리를 목적으로 필요한 자금을 조달하여 그것을 인적요소와 물적요소를 결합시켜 생산과 판매 활동을 하는 것을 기업경영이라고 말한다. 계열사를 거느리고 수많은 직원들을 채용하여 사회적 인프라에 기여하는 기업 경영자는 단순히 먹고사는 개인의 영역을 뛰어넘어 수많은 직원들과 함께 투자자들의 수익 증대는 물론, 일정 부분 사회에 기여하는 공적인 부분까지도 염두에 두고 있으므로 많은 사람들이 꿈꾸는 성공의 롤 모델이기는 하나 그렇다고 누구나 할 수 있는 일은 아닌 듯하다.

마지막으로 이 책에서 얘기하고 싶은 분야인 투자가다. 투자는 돈이 많은 사람이든 적은 사람이든, 직장생활을 하든, 사업을 하든 상관없이 누구나 자신의 판단하에 자본을 투입하여 수익을 실현 하는 것을 말한다. 물론 투자에는 정보가 필수요소다. 누구에게 어떤 정보를 취득해서 어떻게 투자를 하느냐에 따라 투자금을 잃기도 하고 많은 수익을 실현하기도 한다. 물론 운도 따라 주어야 하는 것이 투자인 것은 분명하다.

"24시간 365일 잠을 자고 있는 순간에도 이자는 빠져나간다."면서 이자 무서운 줄 알기를 훈계하던 어른이 계셨다. 남의 돈을 빌려서 사업하는 것에 대한 경각심을 주기 위한 말씀이지만 다른 의미로 투자는 그렇게 좋은 것일 수 있다. 말 그대로 내가 잠을 자는 시간에도 잠을 자지 않고 밤이고 낮이고 나에게 수익을 안겨주기 때문이다.

언감생심焉敢生心, 투자의 귀재라 불리는 조지 소로스George Soros 같은 세계적인 투자가는 꿈꿀 수 없을지라도 돈이 돈을 벌어다 주는 투자에 참여할수 있다면 그야말로 최상의 시스템이 아닐까? 더구나 요즘처럼 암호화폐 시장이 뜨거울 때 일반인들에게 투자의 기회는 누구에게나 무한정 열려있다. 한국 거래소에 상장된 10여 개의 대표적인 암호화폐들의 흐름을 보면 최초에 상장되고 나서 몇 달이 지난 뒤에 보면 모두가 적게는 몇 배에서부터 많게는 백배 이상씩 그 값이 올라 있다.

많은 자본과 면밀하고 전문적인 분석을 필요로 하는 전문적인 투자를 얘기하는 것이 아니다. 언론에서 거품이라며 투자 주의를 수없이 외쳐온 지난 몇 년 동안, 아니 몇 개월 동안에 일어나고 있는 실제적인 현상이다. 감히 엄두가 나지 않아서 애써 외면하고 있을 동안에 기회를 포착한 많은 사람들은 이 기회의 장에서 엄청난 수익을 올리고 있다. 대부분의 사람들이 주저하며 망설이고 있는 동안에 말이다. 순하고 착하게 자라온 내 딸아이도 암호화폐 시장을 두려운 눈으로 바라본다. 마냥 무섭고 겁나기만 한 모양이다. 어쩌면 그게 당연한 시각이고 상식일 수 있다. 지금껏 누구도 이런 시대적 격변을 겪어보지 못했으니까 말이다.

한편으로는 이 글이 투기를 조장하는 것으로 비칠까 우려된다. 투자에 대한 책임은 분명 자신에게 있다. 그러나 시대적 흐름은 정확하게 알려줄 필요가 있다고 생각한다. 암호화폐 시장은 이미 활시위를 떠난 화살archer's paradox과 같다. 이미 임계점을 넘어 섰다는 얘기다. 투자주의를 요하는 것도 중요하지만 그와 함께 더욱 중요한 것이 시대적 흐름을 알리는 것이다. 아직도 두려워만 하고 주저하고 있는 일반 소시민들에게 알려야 할 사명감이라고 할까? 다만, 암호화폐 시장에서 지금과 같은 투자의 기회도 그다지 많이 남아 있는 것 같지 않아서 안타까울 뿐이다.

부자들도 모르는 암호화폐의 진짜 정보들

일반 소시민들의 꿈은 부자이고 싶다. 그리고 부자들은 영원히 부자이고 싶어 한다. 물론 부자도 여러 부류가 있다. 단순하게 돈만 많은 졸부도 있을 테지만 돈이 많으면서 넉넉하게 이웃에게 베풀면서 살고 싶은 모두가 꿈꾸는 이상적인 부자도 많다. 현실이 따라 주지 않아서 마음만이라도 넉넉한 부자이고 싶은 사람도 있고, 진정한 부자에 속하는 물질적, 정신적, 영적으로 충만한 부자도 있다. 속물이라고 손가락질해도 좋다며 그냥 돈이 많아 봤으면 좋겠다는 사람들이 또한 많다. 그런데 이런저런 이유로 대부분이 부자가 되지 못하고 있다.

사회구조적인 탓도 있다. 돈을 벌기 위해서는 정직하게 열심히 땀 흘려 일하는 것이 무엇보다 중요하지만 사회구조는 상위 10%의 사람들이 경제적 물질적 구조를 70% 이상 차지하고 있는 것을 부인하지 못한다. 정보가 돈이 되는 세상에서 돈이 되는 정보는 세상에 잘 나오지 않는다. 어차피 상위의 몇몇 부자들끼리 공유하게 되어 있다. 부자 옆에 있어야 부자 된다는 얘기가 있지 않나. 냉정한 얘기 같지만 부자들에게는 세상을 움직이는 정보가 상대적으로 많다.

그러나 암호화폐가 이토록 돈이 될 줄은 사실 그 누구도 짐작하지 못했다. 사실 부자들도 몰랐다. 그만큼 갑작스럽게 우리 곁에서 일어난 신기루 같은 현상인 것이다. 어느 시점에선가부터 부자들의 자금이 암호화폐의 시장으로 조금씩 흘러들기 시작했다. 암호화폐의 가격이 폭등하기 시작했다. 더 많은 자금이 암호화폐 시장으로 들어올 것이다. 그렇다면 가격은 더 오를 수밖에 없다. 일정 부분 거품이 가라앉을 시간도 필요할 것이다. 그러나 아직은 거품이 가라앉을 시기가 아니다. 전 세계에서 움직이는 투자자금 중에서 이제 겨우 2~3% 정도가 암호화폐 시장을 눈여겨보기 시작했다.

암호화폐 시장의 정보는 부자들만의 숨은 정보가 아니다. 물론 돈이 돈을 버는 자본주의 특성상 많은 자본을 가진 사람들이 더 많은 부를 창출할 수밖에 없다. 암호화폐가 이토록 활성화된 지금이 일반인들이 부자가 될 수 있는 적기다. 다만 그분들에게는 암호화폐 시장에 뛰어들 수 있는 작은 자본과 용기가 필요할 뿐이다. 기회가 찾아온 만큼 망설이거나 주저할 여유가 없다. 빠른 선택만큼 빠른 수익을 가질 것이다.

염려스러운 점이 하나 있다. 묻지 마 투자이다. 언젠가 암호화폐 시장의 거품이 가라앉을 것이다. 수만 가지의 암호화폐가 만들어졌고 앞으로도 계속 세상에 나올 것이다. 거래소에 상장된 코인보다 빛을 보지 못하는 코인들이 더 많다. 무한경쟁 속에서 시장에서 인정받지 못한 코인들이 사라질 것이다.

그리고 점차 안정을 찾고 일반 화폐처럼 쓰이게 될 것이다. 사라질 코인에 무턱대고 투자하는 것은 어리석은 일이다. 어느 정도의 공부와 관심을 갖고 바라보면 코인을 보는 안목이 생길 것이다. 이 책에는 그 몇 가지의 방법을 제시하고 있다. 공부하는 시간이 마냥 길지 않기를 바랄 뿐이다.

코인으로 돈을 버는 4가지 방법

첫째는 암호화폐 거래소에서 직접 매매를 하는 방법이다. 주식 거래처럼 낮은 가격에 싸서 높은 가격에 되팔아서 수익을 남기는 것이다. 그러나 개인들이 무턱대고 거래소에서 단타매매를 하는 것은 극히 위험한 일이다. 인공지능이 탑재된 자동 매매 로봇이 수도 없이 개발되어 투입되어 있다. 주식시장이나 외환시장과는 달리 암호화폐 거래는 전 세계 100여 개의 거래소에서 24시간 365일 쉬지 않고 거래가 되고 있다. 아무리 체력이 강인한 사람도 잠도 자고 식사도 해야 하며 머리도 식혀야 한다.

그러나 사람의 두뇌보다 수천만 배 뛰어난 계산력을 자랑하는 인공지능 로봇은 잠을 자지 않아도 되고 배가 고프다고 보채지도 않는다. 그렇기 때문에 그저 눈앞의 이익만 보고 단타거래를 하는 것은 결코 권장하지 않는다. 따라서 장기적인 안목을 갖고 장기투자할 것을 권면한다. 1,300개가 넘는 암호화폐 중에서 안정적인 성장률을 가지고 있는 암호화폐를 잘 선택해야만 장기투자에서 희망을 볼 수가 있는데 그러한 코인을 고를 수 있는 혜안이 있어야 하겠지만 말이다.

둘째는 ICO에 참여하는 방법이다. 암호화폐의 주된 생명력은 얼마나 많은 사람들이 해당 암호화폐의 안정성과 신뢰성을 믿고 사용을 하는가에 달려있다. 그러기 위해서 신생 암호화폐를 발행

185

하는 개발자들은 자신이 개발하는 암호화폐의 차별성과 우수성을 외부에 알리기 위해서 홍보를 하고 마케팅력을 동원한다.

개발된 암호화폐를 거래소에 상장하기 전에 기업 공개를 하고 사용자들에게 검증을 받고 마지막으로 투자금을 유치하기 위해서 ICO를 진행하는데 거래소에 상장하기 이전이기 때문에 대부분 코인의 가격이 저렴한 편에 속한다. ICO를 진행하고 나서 거래소에 상장하는 기간은 개발사마다 다르지만 보통 짧게는 몇 개월에서 길게는 1년 이상 걸리기도 한다. 대부분 거래소에 성공적으로 상장을 하고 나면 몇 배에서 몇 십배 높은 가격에 거래가 되는 경우가 많기 때문에 많은 사람들이 참여하고 있다. 물론 ICO를 진행하고 나서도 거래소에 상장되지 못하고 사라지는 암호화폐들도 많고 어떤 암호화폐는 ICO 참여 가격보다 거래소 상장가격이 더 낮아지는 경우도 많기 때문에 잘 판단을 해야 한다.

셋째는 프리세일 때 참여하는 방식이다. 기업이나 개발자들이 탁월한 아이디어나 기술력을 가지고 시장의 흐름에 필요한 암호화폐를 개발할 목적으로 프리세일을 진행한다. 개발자금에 투자를 하면 암호화폐 즉, 발행될 코인으로의 교환할 수 있는 교환권을 준다. 보통 프리세일은 투자의 성격이 강하다 보니 가장 낮은 가격에 구입할 수 있는 장점이 있다.

이때 안정적으로 암호화폐를 개발할 자금을 모으기 위함도 있겠지만 앞으로 나올 암호화폐를 미리 홍보하는 성격도 강하게 작용한다. 그렇다 보니 개발자들의 의도보다 과장되게 홍보되는 경우도 많고 개발되었다 하더라고 거래소에 상장을 시키지 못하게 되는 경우가 허다하기 때문에 특히 주의를 기울여야 한다.

마지막으로 채굴기에 투자하는 방법이 있다. 암호화폐는 블록체인 방식으로 만들어지는데 그 알고리즘은 오픈되어 있다. 오픈된 알고리즘을 가지고 컴퓨터에 프로그램을 입력하면 누구나 암호화폐의 채굴에 참여할 수가 있다.

다만 채굴을 해서 얻게 되는 수익보다 채굴에 투입되는 비용이 많이 들기 때문에 개인이 하기에는 도저히 채산성을 맞출 수가 없다. 채굴비용 중에서 제일 많이 차지하는 비용이 전기세다. 우리나라처럼 누진제가 적용되는 가정용으로 집에서 컴퓨터를 돌리다가는 전기세 폭탄을 맞게 될 뿐만 아니라 컴퓨터의 프로그램에 어지간한 지식이 없이는 시도할 수가 없다.

그래서 비교적으로 전기세가 저렴한 산업용 전기를 사용하는 공장에서 대규모의 컴퓨터를 갖추고 전문 프로그래머들이 참여하는 채굴장에서 채굴을 하게 된다. 현재까지는 전기세나 인건비가 상대적으로 저렴한 중국에서 대규모로 채굴장을 운영하고 있다. 비트코인 채굴장을 가장 많이 가동하고 있는 중국의 우지한이 그 대표적인 채굴 사업가이다.

그러나 최근 들어서 IT 기술이 뛰어난 한국에서 대규모의 채굴장을 가동하는 곳이 늘어나고 있는 추세이다. 필자는 몇 건의 프리세일과 ICO를 성공적으로 진행하였고 앞으로도 유망한 암호화폐들을 발굴하여 진행할 것이다. 그러나 장기적으로는 안정적인 채굴에 참여하는 것을 적극적으로 권장하고 있다. 비트코인 채굴기를 통해서 1인당 평균 10비트씩만 만들 수 있다면 일반 소시민들 입장에서 노후 걱정하지 않고 품격 있는 삶을 유지할 수 있을 테니 말이다.

왜 비트코인 채굴기에 투자할까

신기하기만 하다. 컴퓨터가 열심히 일을 해서 나에게 돈을 벌어준다니 이게 무슨 마술 같은 얘기인가? 그런데 그러한 꿈같은 일들이 21세기 대명천지에 전 세계 곳곳에서 벌어지고 있는 사실적인 현상이니 신기한 노릇이다.

난이도가 매우 높은 연산처리기능이 겸비된 고성능 컴퓨터에 프로그램을 설치하고 24시간 365일 끊임없이 가동을 해서 얻어지는 부산물을 마치도 광산에서 광부들이 금을 캐는 것에 비유하여 채굴mining이라고 부른다. 그런데 코인을 처음 접하는 사람들이 한결같이 부딪치는 선입견이 바로 채굴이라는 용어가 가져다주는 선입견과 컴퓨터의 연관성을 쉽게 발견하지 못하기 때문일 것이다.

채굴기에 투자할 때 가장 먼저 고려해야 할 사항은 채산성이다. 즉, 투입된 금액대비 얻어지는 수익률을 얼마인가 하는 것인데 직설적인 표현을 빌리자면 원금회수가 되는 시기가 언제이며 또한 수익률이 얼마나 높은가를 따지는 것이다. 이 장에서는 여러 종류의 코인 채굴기 중에서 주로 비트코인 채굴기를 다루고자 한다. 그 이유는 각 코인마다 거래소의 가격 변동성이 워낙 크기도 하지만 중장기적으로 보면 코인 가격의 편차 또한 커서 그 누구도 각양각색의 코인 채굴기에 대한 채산성을 쉽사리 예견할 수 없기 때문이기도 하다.

수많은 암호화폐가 생겨나고 있지만 기축통화 격인 비트코인에 대항할 암호화폐는 없다. 하루하루 천정부지로 치솟는 비트코인을 보면 선뜻 매입하기를 주저할 수밖에 없다. 그러나 비트코인의 미래를 확신하고 있는 만큼, 좀 더 현실적이고 안정적인 방법으로 비트코인을 획득할 수는 없을까 고민하게 된다. 결론은 채굴이다.

현재의 채굴 속도로 비트코인 채굴기 한 대로 1년에 약 0.8비트에서 1비트코인을 채굴할 수 있다. 컴퓨터 수명을 보통 2년 정도로 보았을 때 채굴기 1대를 가지고 작게 잡아 2년 동안 1.6 비트코인을 채굴한다고 가정해보자. 현재 비트코인의 가격이 2,000만 원을 오르내리고 있는데 비트코인 1개를 살 가격으로 비트코인 채굴기 3대 정도를 구매할 수가 있다. 산술적으로 보면 비트코인 1개를 구매할 수 있는 돈으로 채굴기에 투자를 하면 3대를 가동해서 2년 동안 총 4.8비트 정도를 채굴할 수가 있는 것이다.

2년 뒤 적게 잡아서 1비트코인이 1억 원이 된다고 가정했을 때 1비트코인을 매입해서 2년 동안 가만히 두고 있으면 2년 뒤 1억 원의 가치를 확보할 수 있지만, 1비트코인을 살 돈으로 채굴기 3대를 구입해서 2년 동안 4.8비트코인을 취득하게 된다고 가정했을 때 그 가치는 무려 4억8천만 원이 된다.

채굴 컴퓨터 한 대당 전기세를 포함한 관리비가 월평균 약 17만 원 정도의 비용이 청구된다. 컴퓨터 1대당 2년 동안 약 400만 원 비용이 들어가니까 채굴기 3대의 2년 동안 관리비 약 1,200만 원의 지불하더라도 비트코인을 사는 것보다는 채굴기를 사는 쪽이 훨씬 높은 수익을 바라볼 수 있는 것이다.

얼핏 보면 채굴기보다는 거래소에서 비트코인을 사서 직접 보유하고 있으면 내 손에 들고 있으니까 훨씬 안전한 것처럼 여겨질 수도 있다. 그러나 심리적인 요소가 부작용으로 작용한다. 거래소의 차트를 보고 있노라면 매 순간 오르고 내리는 가격에 따라 조바심 때문에 견딜 수 없어서 대부분 적당히 높은 가격에 판매를 하고 마는 것이 사람의 심리이다.

그러나 채굴기에서 한 달에 0.07개 정도가 채굴되어 꾸준하게 내 지갑으로 들어오고 있다면 비트코인 가격이 오르고 내리는 것에 일

190

희일비하지 않게 된다. 2년 뒤면 4.8개의 비트코인을 획득할 수 있다는 자부심이 심리적으로 훨씬 더 안정감을 준다.

연도	1년 뒤	2년 뒤	유지비용	2년 뒤 1비트 1억 원 예상
1비트 매입	1비트	1비트	없음	1억 원
채굴기 3대	2.4비트	4.8비트	2년 동안 약 1,200만 원	4.8억 원

채굴기가 가져다는 주는 투자의 안정감

약 1,300여 종류의 알트코인들이 전 세계 수백여 곳의 거래소에서 활발하게 거래가 되고 있다. 물론 거래소에 상장되지 못해서 화폐로서의 교환 기회를 얻지 못하는 코인들도 상당히 많다. 한국의 거래소에서는 전 세계 거래소에서 거래 금액이나 거래 숫자 면에서 상위 10위권 안에 드는 알트코인들을 먼저 상장시키고 있다.

코인의 가치를 보고 투자에 참여하는 사람들 중에 장기투자를 목적으로 가지고 있는 사람도 있지만 대부분의 사람들이 낮은 가격에 사서 높은 가격에 팔아서 매매 차익을 가지려고 한다. 상당수의 사람들이 경험으로 하는 얘기는 "트레이딩은 역시 어렵다."이다. 때로는 급등락하면서 요동을 치는 그래프를 보면서 천당과 지옥을 맛보았다고 하는 경우가 대부분이다.

채굴의 난이도는 시간이 지날수록 높아지므로 채굴이 되는 양은 갈수록 적어진다. 비트코인 같은 경우는 현재의 속도로 1년에 약 0.8비트~1비트 정도가 채굴된다. 즉 한 달에 0.1비트 정도씩 채굴되어 조금씩 천천히 쌓이게 되는데 한 달, 두 달 지나는 동안에 조금씩 채굴량이 줄어들 수도 있겠지만 그만큼 비트코인의 가격도 꾸준하게 상승할 것이기 때문에 굳이 거래소의 오르락내리락하는 차트에 마음 쓰지 않아도 되므로 안정감을 가질수 있다.

오히려 가격이 오르면 오르는 대로 기분이 좋아지게 되고 내리면 내리는 대로 저러다 또 올라가겠거니 하고 느긋한 마음이 생기게 된다. 왜냐하면 어차피 2년여 동안 컴퓨터의 수명이 다할 때까지 채굴은 계속될 것이고 그때쯤이면 이미 값이 상당히 올라간 코인을 만지게 될 것을 아니까.

비트코인은 단순한 대세가 아니다

2013년 미국의 존 버냉키 FRB 의장이 비트코인에 대하여 긍정적인 발언이 있고 난 뒤에 비트코인은 급상승하였으며, 국가부도사태의 위기 속에서 심각한 인플레를 겪고 있는 베네수엘라 국민들은 생존을 위해서 비트코인 채굴에 나섰다. 모든 생필품보다 전기세가 더 싸졌기 때문에 비트코인 채굴을 하는 것이다. 국가의 화폐를 인정하기보다는 전 세계 이목을 집중시키고 있는 안전자산인 비트코인을 더 믿게 되었다는 얘기다.

핀테크 산업의 활성화를 염두에 둔 호주 정부도 2017년 7월부터는 비트코인을 돈처럼 취급하고 있으며, 싱가포르도 비자카드에 비트코인을 탑재해서 현금처럼 사용하게 하겠다고 나서고 있다. 덴마크에서는 화폐생산을 중단하겠다고 선언했으며, 마이크로소프트의 빌 게이츠도 비트코인은 달러보다 낫다고 강연에서 얘기하며 비트코인과 암호화폐 마니아가 되었다. 대한민국도 2017년 현재 비트코인 출금이 가능한 ATM기가 9,000대 이상 설치되어 있다. 전국 CU 편의점과 미니스톱 편의점에도 설치되어 있다는 것을 아는 사람이 별로 없다.

암호화폐 거래소의 꾸준한 성장이 예상되는 가운데 거래소에 대한 관심이 급증하고 있는데 정보기술 IT기업들이 앞다투어서 암호화폐 거래소 인수합병M&A에 나서고 있다. 국내 최대의 게임업체인 넥슨의 지주회사인 NXC가 국내 3위 암호화폐 거래소인 코빗의 지분 65.19%를 913억 원에 인수했다.

대한민국은 지금 암호화폐 시장에 푹 빠져들고 있다. 국내 최대 암호화폐 거래소인 빗썸은 2017년 11월 12일 하루 거래량이 6조 원을 넘기면서 종전의 2조 6천억 원을 훌쩍 뛰어넘는 기염을 토했는데 한때 거래량이 폭주하여 2시간 동안 서버가 다운되는 일이 벌어지기도 했다. 하물며 고등학교 시험 문제에도 비트코인이 나왔으니 더 이상 무슨 말이 필요하겠는가?

2015년에 200,000원대에 머물던 비트코인은 2017년 12월 2천만 원을 넘었고, 2018년에는 4천만 원을 넘길 것이라고 대다수의 코인 전문가들은 예상하고 있다.

미국 최고의 보안업체 전문가인 존 맥아피는 비트코인 가격이 예상보다 빠르게 가속화됨에 따라 2020년까지 1백만 달러한화 약 10억8,700만 원까지 상승할 것으로 전망된다고 예측했다.

또한 구글이 선정한 세계 최고의 미래학자인 토머스 프레이는 미래 산업을 이끌 신성장 산업 18가지를 발표한 바 있는데 사물인터넷, 드론 서비스, 3D 프린팅, 개인용 로봇산업, 인공지능 등의 많은 가치산업들 중에서 암호화폐를 가장 성장성이 높은 신산업으로 발표했다.

2017년 한 해만 돌아보더라도 암호화폐 시장이 얼마나 성장했는지를 알 수 있다. 외국 거래소는 아니더라도 한국 거래소에 상장된 10여 개의 암호화폐가 2017년 연초 대비 비트코인은 20배, 이더리움은 100배, 대시코인은 6배, 라이트코인은 10배, 이더리움 클래식은 3월 상장대비 3배, 퀀텀코인은 10월 상장해서 불과 2개월 만에 3배가 상승했으며, 모네로코인은 8월 상장대비 4개월 만에 3배 상승했다. 리플코인은 1년 내내 지루한 횡보를 하다가 최근에 급등하여 연초 대비 10배 이상 상승했다.

12 / 알트코인,
또 다른 비트코인을
꿈꾼다

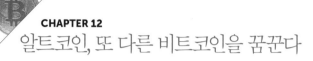

CHAPTER 12
알트코인, 또 다른 비트코인을 꿈꾼다

한국 거래소에 상장된 대표적인 알트코인 몇 개를 간략하게 소개한다.

익명성의 힘, 대시코인

DASH는 익명성을 장점으로 크게 성장한 코인이다. 초기에는 X코인, 어둠의 코인 등으로 불리며 불법 사이트 등과 연관 있다는 루머가 있었으나 사용자가 많아지자 안 좋은 이미지를 탈피하기 위해 2015년 3월 이름을 대시코인으로 변경했다. 대시코인의 총공급량은 2,250만 개 정도이고, 블록생성 시간은 평균 150초^{2분 30초} 정도이다.

대시코인은 여러 가지 거래내용을 하나의 거래처럼 묶어서 코인의 거래내역을 추적하기 어렵게 만들었다. 주된 장점은 사용기록이나 잔고 등이 모두 비공개되어 비트코인보다 익명성이 강하다.

또 다른 장점은 POS와 POW를 함께 동시에 할 수 있다는 것이 매력이라고 할 수 있다. 즉 연산암호를 계산해서 블록체인을 생성하면서 채굴이 되고, 이것이 지갑에 들어가서 특정 프로그램을 돌리면서 대시코인으로 보상을 받는 구조다. 시가총액은 7조 5천억원이며 약 767만 개가 채굴되었다.

비트코인의 쌍둥이, 라이트코인

라이트코인은 비트코인의 파생 화폐로서 비트코인과 거의 기술적으로 동일하다. 라이트코인은 구글에서 근무했던 찰리 리**Charles Lee**가 2011년 10월 7일에 만든 암호화폐다. 그는 라이트코인 세그윗 및 라이트닝 네트워크 구축을 꾸준하게 진행하여 라이트코인의 가치를 올리는 데 주력하고 있다.

2014년 말부터는 라이트코인 ASIC 마이너가 출시되기 시작했고, 효율성도 계속 발전하여 현재는 라이트코인 ASIC 마이너가 시장을 잠식하기 시작했다. 블록 처리시간은 평균 150초**2분 30초**이며 시가총액은 약 12조 원이다. 발행량은 8,400만 개로 비트코인의 2,100만 개보다 정확히 4배 많다.

신속한 국제 결제 서비스, 리플코인

리플XRP은 다른 암호화폐와 달리 중앙 집중화된 발행과 유통 구조를 가지고 있다. 리플은 2012년 IT금융계의 거물급 인사인 크리스 라센과 제드 맥칼레브가 설립했다.

비트코인을 포함한 대부분의 암호화폐들은 채굴이라는 과정을 통해 신규 코인을 발행하고 채굴자들이 이를 유통하는 방식인데 반해 리플의 경우, 초기 발행된 1천억 개 코인의 공급과 유통을 개발사인 리플Ripple이 관리하고 있다. 현재 리플사는 총량의 약 62%를 보유하고 있으며, 사업발전 단계에 따라 전략적으로 시장에 유통시키고 있다.

동명의 토큰인 리플XRP을 내부 화폐로 사용하고 이 토큰을 매개로 각 나라의 화폐를 단 몇 초 안에 송금할 수 있어 혁신적인 실시간 결제 및 통화 거래가 가능하다. 한 해 동안 전 세계 전자 결제 규모는 약 5천억 건으로 이 결제를 처리하는데 많은 시간과 비용이 든다. 리플 프로토콜은 P2P 개념을 환전 거래에 적용하여 비용과 시간을 획기적으로 줄였다. P2P 네트워크는 서로 모르는 사람 혹은 타 은행 간의 외환 거래를 직접 중개하는 역할을 한다. 따라서 은행과 같은 중개기관이 필요 없기 때문에 저렴한 비용으로 신속한 국제 결제 서비스를 가능하게 하는 장점이 있다.

초기 1천억 개를 발행했으며 추가 발행은 되지 않는다. 리플은

널리 보급되어 거래가 많아질수록 수수료 소멸 속도가 더욱 빨라지고 토큰이 줄어들게 되므로 시간이 지날수록 가치가 높아진다는 특징을 가지고 있다.

구글이 투자하여 관심을 끌었고 전 세계 주요 은행들이 앞다투어 제휴하는 촉망받는 기업이다. 현재 리플 네트워크에 참여하는 금융기관은 총 75개다. 전 세계에서 3번째로 큰 은행인 미츠비시도쿄 은행을 포함하여 일본의 47개 은행과 파트너십을 체결했다. 시가총액은 약 80조 원이다.

비밀유지의 장점, 모네로코인

모네로코인은 2014년 4월 6일 거래를 시작한 코인으로 매우 비밀스럽고 추적이 불가능한 것을 목적으로 개발한 코인이다. 모네로는 거래기록이 남는 비트코인과 달리 대부분의 트랜잭션 데이터를 난독화 함으로서 비밀유지가 상당히 높다는 점이다. 대시코인보다 익명성이 강하다고 평가되고 있다.

비트코인의 경우 받는 사람이 key를 통해서 어떤 사람이 어느 정도를 보낸 건지 확인이 가능한 반면, 모네로는 거래 시작 이후 특정 그룹 내에서 kye가 섞이게 되어 있으므로 그룹 내의 private key를 이용하는 것 외에는 확인하는 방법도 없고 이 또한 확인이 어렵게 되어 있다. 이 기술을 링 시그니처ring signature라고 부른다.

즉, 당사자가 아니면 절대로 거래내역을 알 수 없도록 만들어져 있어 높은 익명성을 갖고 있기 때문에 한때 마피아나 마약거래자금 세탁용 코인으로 알려지기도 했다.

발행방식은 POW 방식이고 공식적인 공급량은 18,400,000개로 정해져 있지만 이후 총발행량은 한정되어 있지 않다. 총발행량에 도달하고 난 이후에는 블록마다 일정하게 0.3XMR이 발행된다. 이렇게 발행된 것은 블록체인 운용 인센티브로 제공하기 위해 사용된다. 시가총액은 약 4조 5천억 원이다.

플랫폼의 힘을 끌어안다, 이더리움 클래식

이더리움의 핵심 기능은 플랫폼 기능이다. 그런데 이더리움 플랫폼을 활용한 DAO 토큰에서 취약점이 노출되어 ICO로 모금해 놓은 이더리움을 탈취당하는 사고가 발생했다. 이때 이더리움 개발진에서 내놓은 해결책은 해킹된 이더리움을 사용하지 못하게 하도록 프로그램 소스를 변경하는 것이었다.

블록체인은 합의 시스템이기 때문에 개발진에서 인위적으로 프로그램을 변경한다고 해서 그대로 진행되는 것이 아니다. 변경된 프로그램을 일반 사용자들에게 전파해야 하고 또 채굴자들이 이 프로그램으로 블록을 생성해주어야 제대로 이더리움 시스템이 작동을 하기 때문이다.

일련의 사건들을 해결하는 과정에서 개발진에 의한 인위적인 하드포크에 반발하는 진영에서는 기존 이더리움을 폐기하지 말고 계속 사용할 수 있도록 요구하면서 기존 이더리움의 이름을 이더리움 클래식이라고 이름 붙인 것이다.

한동안 개발진에서 이더리움 클래식의 지원을 중단할 것이라는 얘기가 있었으나 그대로 진행하는 것으로 되었고, 폴로닉스라는 대형 거래소에서 이더리움 클래식을 상장하면서 금방 사라질 줄 알았던 이더리움 클래식이 예상과 달리 활성화되어 지금까지 유지되고 있다. 시가총액은 약 3조 2천억 원이며 총발행량은 2억3천만 개이다.

익명성으로 성장한다, 제트캐시코인

제트캐시는 2016년 10월에 만들어진 신생 코인으로 해외 거래소인 폴로닉스^{Poloniex}에서 먼저 거래됐다. 제트캐시는 대시, 모네로와 마찬가지로 익명성이 강한 암호화폐로 알려져 있다. 지급거래 자체는 공개 블록체인에 게시되지만 거래 상대방 및 금액은 추적이 불가능하도록 보안이 유지된다. 비트코인의 경우 블록체인이라는 장부를 통해 지갑 간에 어떠한 거래가 이루어졌는지 투명하게 공개되는 반면 제트캐시는 타인에게 거래내역을 철저하게 감추기 때문에 익명성을 보장받을 수 있는 것이다. 시가총액은 약 1조 2천억 원이고 발행량은 비트코인과 같은 2,100만 개이며 채굴 난이도 또한 비트코인처럼 점점 상승하게 되어 있다.

안정과 확장의 두 마리 토끼, 퀀텀코인

퀀텀코인은 2016년 3월 퀀텀 재단에서 발행한 신생코인이다. 퀀텀코인은 비트코인과 이더리움의 장점을 결합한 하이브리드 블록체인 애플리케이션 플랫폼이다. 원래 비트코인과 이더리움은 결제를 처리하는 방식이 달라 서로 호환이 어려운데, 퀀텀은 이를 해결해 하이브리드를 만드는 데에 성공했다.

퀀텀의 핵심 기술은 비트코인의 결제 시스템UTXO과 이더리움 버츄얼 머신EVM을 연결하는 것이다. 이를 통해 퀀텀은 안정성과 확장성이라는 가치를 모두 담았다고 한다.

퀀텀코인은 퍼블릭 블록체인으로서 비즈니스에 친화적인 블록체인을 추구하는 금융업, 제조업, 모바일 애플리케이션, 사물인터넷, 소셜미디어, 게임 등 다양한 산업 분야에 블록체인기술을 적용하는 것을 목표로 한다. 퀀텀은 현존하는 비트코인 게이트웨이와 이더리움 컨트랙트 모두와 호환 가능하다. 이러한 장점은 퀀텀코인이 향후 다양한 시장 환경에 적용될 수 있는 빠르고 유연한 블록체인을 만드는 기반이 된다.

퀀텀코인은 이더리움 플랫폼에서처럼 스마트 컨트랙트가 사용되며, 기업들은 고유 토큰을 만들고 블록체인을 운영할 수 있다. 사람들이 많이 사용하는 계약서들을 스마트 컨트랙트로 쉽게 바꾸어 처리하고, 산업별 특성에 맞춘 계약 양식을 제공하는 등의 서비스를 통해 스마트 컨트랙트가 다양한 산업에서 광범위하게 활용될 수 있도록 한다는 것이다.

퀀텀코인은 최대 발행량의 51%가 ICO로 분배되었고, 20%는 개발자들에게, 나머지 29%는 플랫폼의 발전을 위해 남겨졌다. 4년 후 유보된 코인들은 모두 사용되어 커뮤니티에 환원될 것이라고 한다. 발행은 POS 시스템으로 발행하고 매년 1%씩 인플레이션이 발생한다. 토큰을 얼마나 가지고 있느냐 하는 지분 비율에 따라 블록 생성 권한을 가지며, 블록 생성 시 그에 대한 보상으로 퀀텀 토큰을 받게 된다.

퀀텀 재단은 알리바바, 바이두, 텐센트 등 중국 최대의 인터넷기업 출신 전문가들이 설립한 재단이다. 알리페이 최고 분석가 출신의 패트릭 다이**Patrick Dai**를 중심으로 나스닥 등 글로벌 대기업 출신의 전문가들이 참여한 것으로 알려져 있다. 발행량은 1억 개이며 시가총액은 약 4조 5천억 원이다.

탱글(Tangle)기술로 승부한다, 아이오타코인

2015년 10월 21일에 런칭된 아이오타**IoTA**는 사물인터넷**IoT**에 최

205

적화된 플랫폼에서 사용되는 새로운 마이크로 트랜젝션 암호화 코인이다. 다른 코인들과 차별화된 점은 블록체인이 아닌 탱글Tangle이라는 독자적인 기술을 사용한다는 점이다.

탱글은 기존 블록체인들과 달리 여러 개의 트랜잭션 묶음인 블록이 없고 트랜잭션만 있는 형태인데 네트워크 참여자가 트랜잭션을 발생시키는 거래자인 동시에 그것을 확인하는 채굴자의 역할을 한다는 특징을 가지고 있다. 블록체인의 개념은 가져왔지만 디지털 통화로 설계되지는 않았다.

거래자가 새로운 트랜잭션을 발생시키기 위해서는 앞서 확인받지 않은 2개의 트랜잭션을 반드시 확인하도록 했고, 그로 인해 기존 블록체인들에서 채굴자에게 지급하던 결제 수수료가 발생하지 않는 방식이다. 그리고 앞서 2개의 트랜잭션을 확인해야 하는 특징 때문에 참여자가 늘어날수록 네트워크가 더욱 안전해지고 트랙잭션을 빠르게 처리할 수 있게 된다.

탱글은 거래를 비공개로 한다. 비트코인에서 사용되는 믹서Mixer2의 개념을 이용하여 누가 보냈는지 확인하기 어렵게 만들었다. 믹서는 제3자의 서비스 제공자가 사용자의 자금을 받고 원하는 주소로 각각 나누어 사용자의 자금이 서비스 제공자에게 들어가 섞이면서 수신자와 송신자의 고리가 끊기게 되는 것을 말한다.

2015년 데이비드David Sønstebø를 중심으로 4명의 블록체인 전문가들이 모여 2017년 11월 3일 독일에서 재단으로 공식 승인받았다. 시가 총액은 약 12조 원이며 총발행량은 27억 개이고 모두 시장에 유통되고 있다.

이더리움의 대항마, 이오스코인

이오스코인은 2017년 6월 26일 런칭되었다. 이오스코인은 이더리움 기반의 코인이 아니며 이더리움의 대항마로 개발했다고 한다.

이오스코인은 기존의 블록체인 플랫폼이 지원하지 않는 대기업을 위한 메인 스트림 개발을 확장할 수 있도록 설계 된 코인으로 알려져 있다. 이오스코인은 컴퓨터, 모바일, 통신, 앱용 운영체제이며 비동기식 커뮤니케이션 및 병렬 프로세싱 방식을 도입하여 초당 수백만 건의 트랜잭션으로 확장할 수 있는 잠재력을 가진 블록체인으로써 페이스북초당 52,000건과 구글초당 40,000건의 처리 속도보다 빠르다.

스팀과 비트쉐어의 한계를 극복하기 위해 천재 컴퓨터 공학자가 개발한 것으로 알려져 있으며 이더리움의 단점들을 보완해서 만들어진 3세대 코인으로 알려져 있다. 보통 코인을 개발할 때는 개발자가 비용을 지불하고 대신 사용자가 이용할 때 비용을 지불하도록 하는데 이오스는 개발자가 발생되는 비용을 모두 지불하고 사용자는 무료로 이용할 수 있도록 했다.

이오스코인은 ICO 때 약 1,200억 원 정도가 펀딩이 되었으며 총발행량은 10억 개로 1차 펀딩을 통해 일정 부분 유통되었고 이후 1년 동안 매일 200만 개의 코인을 펀딩방식으로 발행한다. 시가총액은 약 5조 5천억 원으로 총 10억 개의 발행물량 중 1억7천만 개가 유통되고 있다.

프리세일, ICO 이름의 유사수신 주의보

프리세일Free Sale은 우수한 기술력과 아이디어로 블록체인 기반의 암호화폐를 실용화시킬 목적으로 개발단계에서 자금을 끌어모으는 것을 말한다. 경우에 따라서는 어느 정도 개발을 완성해 놓고 그 내용을 많은 사람들에게 널리 알리기 위해 홍보목적으로 실시하기도 하지만, 대부분이 개발에 필요한 자금을 충분하게 확보할 목적으로 시행하는 것이 프리세일이다.

프리세일에 참여한다는 것은 해당 코인의 개발단계에서부터 참여하는 것인 만큼 보통 가장 싼 가격에 코인을 구매할 기회가 된다. 그렇지만 한편으로는 개발단계라서 자금만 끌어모으고 사라지는 코인들도 많기 때문에 특히 주의하여야 하겠다.

ICO initial coin offering는 프리세일 단계를 지나서 코인을 개발하는 기업의 재무재표와 코인발행 숫자 등을 투명하게 일반에 공개하고, 투자금을 모으는 단계이다. 수많은 코인들이 끊임없이 개발되어 나오는 때에 ICO를 통해서 실용화 가능한 코인인가를 찾아 내는 혜안이 필요하다.

ICO는 크라우드 펀딩 형태로 투자금을 받는데, 현금 대신 비트 코인이나 이더리움 같은 암호화폐를 구매하여 해당회사에 보내면 개발된 코인을 분배받게 되고 이후 성공적으로 거래소에 상장이 되면 투자자들은 분배받은 코인을 사고 팔아서 수익을 낼 수가 있 다. 개발 단계인 프리세일에서부터 ICO를 거쳐 거래소에 상장하기 까지는 대략 1년 정도의 기간이 소요되는 것이 일반적이다.

비트코인이나 이더리움 같은 암호화폐들이 돈이 된다는 소문이 나면서 수많은 불법 다단계가 판을 치고 있다. 암호화폐로 많은 돈 을 잃었다고 눈물 흘리는 사람들을 보면 대부분이 합법을 가장한 다단계 방식의 코인에 투자를 한 경우이다. 얼핏 들어보면 너무도 그럴듯하여 떼돈을 벌 수 있을 것처럼 현혹한다.

당장이라도 투자하지 않으면 땅을 치고 후회하게 될 것 같은 조 바심에 빠지게 되고 급기야 욕심에 눈이 멀어 실상이 보이지 않게 된다. 프리세일 하는 코인들 중에서 상당수가 다단계로 투자자를 끌어 모은다. 엄연한 불법이다. 설령 다단계가 아니더라도 100개 중 90개는 잘못되거나 없어질 수 있는 코인이니까 잘 분별하여 투 자를 해야 할 것이다.

개인이 만들어가야 할 희망보따리

작지만 반듯한 내 집 한 채 가지는 것이 소원이라고 말하는 서민들이 많다. 최선을 다하며 열심히 살아가는 그들이지만 그 소박한 소망마저도 이 땅에서는 쉽게 그 기회를 주지 않는다. 그래서 한 주간을 로또에 희망을 걸고 살아가는 사람들도 많다.

비록 현실이 힘들고 고단하더라도 희망보따리를 안고 사는 사람은 아무런 희망이 없이 하루하루를 살아가는 사람과는 전혀 다른 하루를 보낼 것이다. 그런 희망보따리가 있다면 개인을 건강하게 해 줄 뿐만 아니라 우리 사회를 더욱 건강하게 만들어 주는 원동력이 될 것이다.

4차 산업혁명이 가져다준 시대적인 기회를 잘 살려서 모두가 희망보따리 하나씩은 갖고 살아가기를 바라는 마음이 꿀떡 같다. 비트코인처럼 이미 2천만 원 대를 넘나드는 코인을 사기에는 너무 부담스러운 사람들에게 프리세일이나 ICO를 적극 권장한다.

예를 들어 프리세일 때 100원 정도에 코인을 구매해서 1년 정도 뒤에 거래소에 상장을 했을 때 500원 정도에 거래가 된다고 하면 5배의 수익을 가지는 것이다. 그 코인이 안정적인 성장을 계속한다고 가정을 했을 때 6개월에서 1년 정도가 더 지나면 보통 몇천 원에서 몇만 원에 거래가 되기도 한다.

1년 정도 묻어두어도 될 정도의 금액으로 프리세일에 참여를 해서 1~2년 뒤에 몇십 배에서 몇백 배가 되는 엄청난 수익을 가질 수 있다면 일반 서민들에게는 그것이 바로 희망보따리가 되는 것이다. 하지만 그 희망보따리는 국가나 다른 누군가가 해 줄 수 있는 것이 아니다. 결국 개인 개인이 만들어서 안고 가야 할 몫이다.

암호화폐에 대한 올바른 정보를 전달하고 전달받을 수만 있다면 얼마나 좋을까 마음 깊이 생각해 보게 된다. 그처럼 올바른 정보 전달의 창구가 절실하게 필요한 때이다. 동시대를 살아가고 있는 많은 사람들에게 건강한 희망보따리를 많이 안겨 줄 기업이나 지자체는 없을까.

한국에서 발행되는 코인에 눈을 돌려라

이스라엘 민족의 두뇌는 세계가 인정한다. 전체 노벨상의 30%를 세계인구 비율이 0.25%밖에 안 되는 유대인이 차지하고 있고 그들이 세계 경제의 70%를 좌지우지하고 있는 것만 보아도 알 수 있는 것이다. 물론 그들은 이 모든 것을 구약성경에 기초한 유대교적 신앙과 철저한 탈무드식 교육덕분이라고 공을 돌린다.

2000년 동안 전 세계에 흩어져 유리방황하며 모진 핍박을 견뎌내다가 1948년에 겨우 이스라엘이라는 국가를 세우기까지 그들을 결속시킨 것은 목숨보다 귀하게 여겼던 유대교적 신앙이다. 그들은 유대교적 신앙 때문에 모진 핍박을 받았으며, 다른 한편으로 그러

211

한 시련을 이겨낼 수 있었던 원동력도 유대교 때문이다.

그렇다면 우리 민족은 어떠한가? 삼면이 바다에 둘러싸인 강대국의 틈바구니에서 지금까지 900번이 넘는 외세로부터의 침탈전쟁이 일어났으며, 35년간 일제의 지독한 민족말살정책을 견뎌냈고, 동족상잔의 비극인 6·25전쟁을 치렀으며, 전국이 잿더미로 변했던 상처를 딛고 세계사에 유래가 없는 '한강의 기적'을 일으킨 민족 대한민국. 지구촌 237개 국가 중에서 세계 경제 순위 11위에 당당히 이름을 올린 그 대한민국이다.

외국에서 생활해본 사람은 안다. 우리 민족의 우수성이 어떠한지를. 일제말기, 혹한의 황무지 시베리아에 유배되었던 선조들은 얼어붙은 땅 시베리아의 돌무더기를 일구어 기적처럼 회생했고, 지독한 굶주림을 면하고자 태평양을 건너 미국 땅 사탕수수밭으로 팔려가다시피 건너갔던 선조들이 지금의 아메리칸 드림을 일구어냈다. 부지런하고 성실하며 세계에서 두 번째 가라면 서러울 만큼의 교육열과 영특한 지혜가 넘치는 민족이 바로 대한민국이다.

'동해물과 백두산이 마르고 닳도록 하나님이 보우하사 우리나라 만세' 애국가의 한 구절이지만 축복받은 민족임이 틀림없다. 한때 IT 강국으로서의 위상을 세상에 알렸다. 이제 제2의 IT 강국을 일으킬 기회가 또다시 찾아왔다. 그 중심에 있는 블록체인기술이야 말로 대한민국을 세계 경제부국의 반열에 우뚝 세울 것을 확신한다.

이더리움이 비트코인의 블록체인 기반으로 탄생한 코인이라면 한국에서는 블록체인 기반을 넘어서는 획기적인 아이디어와 기술력을 바탕으로 탄생되는 신생코인들이 이미 개발되기 시작했다. 믿지 못하겠지만 앞으로 블록체인 기반을 뛰어넘는 한국적 기술력이 표준이 되는 날도 멀지 않았다고 여길 만큼의 숨은 실력자들이 대한민국에 쟁쟁하게 많다. 무엇보다 인터넷 왕국이라 불릴 만큼의 모바일과 활발한 전자결제 시스템과 관련 콘텐츠 환경들이 뒷받침되어 있다는 것이 강력한 무기이자 경쟁력이다.

디지털 세대, 디지털화폐의 주역이 되어라

지금은 정보화 시대를 넘어서 컴퓨터 자원을 활용한 현실세계와 가상세계를 넘나드는 유비쿼터스Ubiquitous시대를 맞이했다. 지금의 시대는 착하게 열심히 성실하게 살아간다고 해서 부자로 만들어 주지 않는다. 무엇을 어떻게 집중해서 할 수 있는가 하는 남들과 차별화된 능력이 성실보다 중요한 가치를 지닌 시대이다. 세계 경제순위 11위로 GDP 2만 달러를 넘어선 지 12년의 세월을 절치부심한 끝에 비로소 1인당 GDP 3만 달러 시대를 눈앞에 두고 있다.

대한민국은 전 세계 인구의 0.7%밖에 안 되지만 전 세계 암호화폐의 30%를 거래하고 있는 대단한 국가다. IT 강국으로서 명성을 떨치던 때 전국에 인터넷망을 확산시켜 놓은 덕분이다. 거기에다 모바일 사용 인구가 전 국민의 절대다수를 차지하고 있다. 알지 못하는 사이에 세계 최고의 기술적, 인적, 환경적 인프라를 구축해 놓은 것이다. 암호화폐는 대한민국을 제2의 IT 강국으로 만들어줄 수 있는 황금 같은 기회를 안겨주고 있다.

이토록 전 세계가 암호화폐로 경제지도, 부의 지도를 바꿀 만큼의 혁명적인 시기는 보내고 있음에도 아직 정부와 관계부처는 법률적인 부분을 거론하며 거래소를 폐쇄하겠다는 엄포만 놓고 있으니 안타깝기 그지없다. 암호화폐에 대한 법률이 확정되지 않은 혼란기를 틈타서 암호화폐를 빙자한 온갖 불법적인 행위가 넘쳐나고 있는 탓이기도 하겠지만, 하루속히 법률적, 제도적 정비를 서둘러서 암호화폐의 정의를 내리고 신세계 질서에 초석을 다져 나가야 할 것이다.

메추리알 비트코인, 공룡 알이 되었다

처음 비트코인이 탄생했을 때는 메추리알에 불과한 줄 알았는데 알고 보니 천지창조 때나 존재했던 거대한 공룡의 알이었던 것이다. 처음 탄생했을 때 존재 자체가 희미했고 겨우 0.3원에도 우습게 여겨져 피자 한 판을 주문하는데 1만 비트코인을 낭비해야 했던 것이 불과 8년밖에 되지 않았는데, 거인 골리앗을 넘어뜨렸던 소년 다윗처럼, 사람 나이로 이제 겨우 9살을 갓 넘기게 된 비트코인이라는 꼬마가 세계 경제 판도를 바꾸기 시작했다.

중국이 비트코인 거래를 전격적으로 중단시켰다는 것은 비트코인이 중국의 자본구조를 뒤흔들 만큼의 영향력으로 커졌다는 간접증거이기도 하거니와 역설적으로 세계 경제 넘버 투인 중국 정권의 심기를 건드릴 정도로 존재감이 커졌다는 의미다. 어찌 보면 비트코인의 탄생 목적인 탈중앙화가 어느 정도 현실화되기 시작했다는 것을 의미하기도 한다.

중국이 거래소를 중지시킴으로서 가장 큰 수혜를 입은 나라는 일본이다. 또한 스위스로 러시아로 베트남으로 자원이 대거 옮겨가기 시작했다. 중국이 거래소를 중지하는 극약 처방을 내렸음에도 불구하고 그 사이 비트코인은 4배가 뛰었다. 그동안 암호화폐 산업에 일등공신 역할을 했던 중국이 그러할진대, 설령 한국이 거래소를 중지하는 등의 법률적 초강수를 둔다고 한들 세계 암호화폐 시장에 미칠 파급력은 지극히 미미할 것이다. 오히려 그 반대급부로 미래 블록체인 산업에서 한국은 완전히 밀리게 될 것이며, 관련 산업과 자본과 인력이 해외로 빠져나가는 탈 한국화 사태만 초래될 것이다.

우리의 의지와는 상관없이 세계 경제는 유사 이래 지금껏 겪어보지 못했던 디지털화폐 혁명의 소용돌이 속에 들어섰다. 수 세기를 걸쳐서 기득권을 누려왔던 거대 자본 세력의 막강한 저항도 견뎌야 할 것이다. 초음속 비행기가 마하의 속도를 넘어설 때 충격음이 발생하듯 세계 자본구조의 판도가 뒤흔들릴 것이다. 2016년 11월 화폐 개혁을 단행했던 인도경제가 충격에 휘청거렸던 것처럼 세계 경제도 한동안 혼란스럽기는 매한가지일 것이다.

이 새로운 질서의 주도권을 누가 먼저 쥘 것인가에 따라서 세계 경제의 순위가 정해질 것이다. 근 2천년 동안 나라도 없이 전 세계를 떠돌아야만 했던 이스라엘이 세계 경제의 70%를 좌우하고 있었다면, 영특한 지혜가 번득이는 해 뜨는 동방의 자그마한 반도국가 대한민국이 새로운 천년의 경제 질서의 주역이 될 수 있기를 소망한다.

비트코인으로 대변되는 암호화폐의 시대에 앞으로의 10년이 미래 천년의 기반을 다지는 해가 될 터이니, 젊은이들이여! 알에서 깨어나 새로운 세상을 바라보라. 비트코인을 단순히 투기의 대상으로만 인식하지 말고 블록체인과 암호화폐가 세상을 어떻게 변화시켜 나갈 것인지를 주의 깊게 분석하고 5차 산업혁명에 대비하라. 아날로그 사고에서 벗어나 디지털화된 눈으로 세상을 바라보라.

영롱하고 찬란한 세계가 눈 앞에 펼쳐질 것이다. 과거를 통해 현재를 조망하고 주의 깊게 관찰하면 미래를 통찰하는 눈이 열린다. 강하고 담대한 이 땅의 젊은이들에게 희망찬 미래세대를 주도적으로 이끌어 주기를 주문하며 모든 것을 합력하여 선을 이루시는 하나님께 깊은 감사의 기도를 드린다.

궁극의 질문, 나 그리고 당신은 누구인가

이 책의 원고를 탈고하는 날 뉴스에 가슴 아픈 사연이 올라왔다. 8살 때 노르웨이로 입양 보내졌던 한 젊은이가 자신의 뿌리를 찾아서 모국인 한국에 들어와서 몇 년간 전국을 떠돌며 자신이 입양 보낼 당시의 보육원을 찾아 헤매다 결국 목적을 이루지 못하고 외로움과 상실감에 알코올 중독자가 된 데다, 심지어 만성질환까지 얻어 고생하다가 비좁은 고시원에서 쓸쓸히 생을 마감했다는 뉴스다.

그것도 숨진 지 10일이나 지나 발견되었다고 하니 팍팍한 세상의 또 다른 단면을 보여준다. 이 기사의 말미에는 해외 입양아의 현황이 자세히 나와 있었는데 자신의 뿌리를 찾아서 모국으로 귀국하는 입양아 출신의 수가 매년 수천 명에 이른다고 적었다. 세계 최대의 아동수출국이라는 오명은 벗었지만 우리나라 아동의 해외 입양은 여전히 세계 4~5위에 이른다고 한다. 2016년 한 해만도 800여 명의 아동이 버려졌고 이 아이들은 대부분 해외에 입양된다고 한다.

오래전 이산가족 찾기 특별생방송 때 온 국민이 TV 앞에서 함께 울었던 사연을 기억할 것이다. 1983년 KBS에서 '누가 이 사람을 아시나요?'라는 제목으로 방송되었던 프로그램, 한국전쟁 때 본의 아니게 부모형제와 헤어졌던 이산가족 찾기 특별생방송은 전국과 해외각지에서 1만 명이 넘는 사람들이 꿈에도 그리던 부모형제를 다시 만나 부둥켜안고 눈물 흘렸다. 그 모습을 지켜보던 국민들 또한 함께 기뻐하고 함께 가슴 아파하면서 모두가 함께 울었다.

'나는 누구인가.' 굳이 고아나 이산가족만이 던지는 질문이 아니다. 자신의 부모 형제를 알지 못하여 자신의 정체성을 찾고 싶어 하는 사람만의 질문이 아닐 것이라는 얘기다. 생명 있는 사람이라면 누구나 이 근원적인 질문을 한두 번쯤 안 해본 사람이 없을 것이다.

세상은 자신의 의지만으로 살아지지 않는다. 대부분이 불가항력적인 외부 환경에 의해 삶이 흘러감을 부인할 수가 없다. 태어날 때 부모를 선택해서 온 것이 아닌 것처럼 돌아가는 때 또한 시간과 장소는 내 의지와는 전혀 무관하게 선택되어진다. 따지고 보면 인생을 살아가는 데 있어서 내가 할 수 있는 선택은 지극히 한정적이다.

암호화폐를 논하는 책의 말미에 주제답지 않게 다소 철학적 질문을 던지는 이유는 이 책이 돈 버는 정보를 전달하는 목적으로 시작한 책이지만 결코 돈만이 목적이 아니었으면 하는 바람 때문이다.

주변에는 짧지 않은 1, 2년 사이에 암호화폐로 거부가 된 지인들이 많다. 그들의 환경이 변하고 삶의 양태가 바뀌는 것을 보면서 명

암이 엇갈리게 됨을 보게 된다. 돈을 벌기 위해 경제활동을 하고 돈만 된다면 무슨 일이라도 한다는 사람도 많다. 돈이 가져다주는 위안과 안락함은 분명 대단한 것이다.

벌어들이는 돈을 진정한 감사로 돌릴 수만 있다면 내 몸과 영혼에 놀라운 치유가 일어날 것이다. 반면, 돈을 주색잡기에 쓴다면 오히려 독이 되어 자신의 삶을 망치는 원흉이 될 것이다. 동서고금을 막론하고 영혼의 뿌리를 찾아 고행의 길을 선택했던 수도자들이 물질을 멀리했던 이유도 풍요로운 물질이 주는 일시적인 안위가 근본의 뿌리를 찾는데 방해가 됨을 알기 때문이었으리라.

시대가 가져다준 기회를 잘 활용해서 벌어들이는 돈을 어떻게 가치 있게 쓸 것인가를 먼저 생각한다면 신은 인간에게 더욱 많은 기회를 줄 것이라 믿는다. 삶과 죽음이라는 경계에서 유한한 인생을 살아가는 우리에게 언젠가 돌아갈 영원이 있음을 안다면, 인생이라는 짧은 연극무대에서 각자 맡은 역할을 소화하고 풍요로운 물질도 누리면서 후대를 위하여 가치있게 사용할 수 있다면 더욱 멋진 삶이 되지 않을까 생각해본다.

돈은 내 몸의 피와 같은 존재다. 피가 원활하게 돌아야 신체가 건강하듯 돈이 지닌 원래의 목적대로 원활하게 쓰이지 못한다면 우리의 삶도 그만큼 건강하지 못할 것이다.

지금까지 보아온 암호화폐의 기회는 정상적인 방법으로 시작한 사람들은 대부분 많은 돈을 벌었다. 조급한 마음만 먹지 않는다면 당분간은 그러한 기조가 유지되리라 본다. 세상과 나를 이어주신 분이 단 하나뿐인 나의 부모님이듯 신과 나를 이어주는 길 또한 오직 한 길뿐이다. 새로운 변화의 물결이 몰아치는 암호화폐의 시장에서 신께서 고이 숨겨놓은 숨은 경제를 찾기 바란다. 돈이 삶을 풍요롭게 하는 것은 주지의 사실이다.

풍요를 가져다주는 그 돈이 자신의 정체성을 찾는데 도리어 장애가 되지 않기를 바란다. 돈만이 전부인 삶을 산다면 오히려 그 돈 때문에 생명보다 귀한 가치 있는 모든 것들을 잃게 될 것이다. 돈의 노예가 되는 것이 아니라 돈 때문에 세상을 이롭게 하고 돈 때문에 세상의 풍요로움을 누리게 되는 축복받는 삶이 되기를 간구하는 마음으로 책의 마무리를 장식하고자 한다.

중국이 비트코인 거래를 전격적으로 중단시켰다는 것은 비트코인이 중국의 자본 구조를 뒤흔들 만큼의 영향력으로 커졌다는 간접증거이기도 하거니와 역설적으로 세계 경제 넘버 투인 중국 정권의 심기를 건드릴 정도로 존재감이 커졌다는 의미다. 어찌 보면 비트코인의 탄생 목적인 탈중앙화가 어느 정도 현실화되기 시작했다는 것을 의미하기도 한다.

13

투자자가 알아야 할
암호화폐
용어

CHAPTER 13

투자자가 알아야 할 암호화폐 용어

해시값이란?

하나의 암호화폐를 생성하기 위해서 소요되는 컴퓨터 연산처리 속도를 얘기하며, 단어를 정의하면 해시 함수는 임의의 길이를 가진 어떤 임의의 데이터를 일정한 길이의 어떤 데이터로 바꿔주는 함수를 총칭한다. 눈이 쌓인 언덕 위에서 손바닥만 한 돌멩이를 하나 굴리면 언덕 밑에 다다라서는 큰 눈덩이로 변하는 것처럼 해시값은 임의의 숫자 하나만 바뀌어도 결과는 전혀 다른 숫자가 나오게 된다.

블록체인에 사용되는 해시값을 적용하면 데이터 변조의 여부를 검증하는 용도로는 매우 적합한 함수라 할 수 있다. 고성능 컴퓨터라 하더라도 워낙 복잡한 연산을 처리하다 보니 처리하는데 걸리는 시간이 있는데 비트코인의 경우 약 10분 동안에 1해 분의 1의 가능성을 찾아내서 블록을 완성시키고 그렇게 완성한 블록을 이전 블록에 결합시키는 것이다.

쉽게 생각해서 1초당 50경 번 해시 함수를 돌리는 고성능 컴퓨터로 10분 정도 연산처리를 해야 블록 하나를 완성할 수 있다고 생각하면 현재의 비트코인 한 개를 채굴할 수 있는 난이도를 짐작할 수 있을 것이다. 대충 1해 분의 1 정도의 확률이다. 이것이 바로 비트코인이 해킹으로부터 안전할 수 있는 이유다.

참고로 일, 십, 백, 천, 만, 십만, 백만, 천만, 억, 십억, 백억, 천억, 조, 십조, 백조, 천조 다음이 '경', 그다음이 '해'이므로 하나의 비트코인을 채굴하기 위해서 컴퓨터가 해시값을 처리하는 수고와 노력에 경의를 표하는 바이다.

세그윗2X(Segwit2X)

세그윗은 블록 사이즈를 늘리는 기술로 현재 비트코인 블록 크기는 1MB이다. 거래는 1초에 7번 가능하다. 세그윗으로 블록에 포함된 서명을 따로 빼면 그만큼 공간을 거래에 더 활용할 수 있게 된다. 최근 비트코인의 거래량이 증가하면서 세그윗이 주목받고 있다.

간단하게 설명하면 거래 기록에서 서명 부분을 따로 분리해버리면, 분리한 만큼의 거래내역을 더 포함할 수 있게 만드는 작업이다.

처리 용량이 늘어나는 업그레이드라 말할 수 있다. 세그윗2X를 실행하게 되면 거래가 빠르게 진행이 됨으로 채굴자들은 더 많은 수수료를 갖게 된다. 그러므로 채굴자들이 세그윗2X를 지지하고 있는 반면, 비트코인 개발진들은 이를 반대하고 있다. 세그윗은 비트코인의 철학을 위반하는 행위이고 해킹 공격에 취약해진다는 이유 때문이다.

비트코인 세그윗2X가 발생하게 되면, 또 하나의 코인이 세상에 탄생된다. 이처럼 비트코인 블록 사이즈 문제를 두고 개발자들과 대형 채굴업자들 간의 의견충돌로 비트코인 하드포크가 발생하면서 비트코인과 비트코인캐시^{BCH}로 분리됐다.

랜섬웨어

몸값을 뜻하는 Ransom과 제품을 뜻하는 Ware의 합성어이며, 사용자의 동의 없이 컴퓨터에 불법으로 설치되어 사용자의 파일을 암호화 시켜 인질로 잡아 금전을 요구하는 악성 프로그램을 말한다. 불법으로 설치된 랜섬웨어로 해당 컴퓨터를 원격으로 잠글 수 있다.

사용자가 컴퓨터를 켜면 팝업 창이 뜨면서 컴퓨터가 잠겼으니 금액을 지불하지 않으면 컴퓨터에 접속할 수 없다는 경고가 나타난다. 문제는 랜섬웨어를 통해서 해킹 대가로 보상을 요구할 때 비트코인을 요구한다는 것이다.

익명성을 무기로 누가 해킹을 했는지 알 수 없도록 한다는 것인데 2017년 5월에 '워너크라이Wanna Cry'가 전 세계를 강타했다. 해커들은 감염된 컴퓨터를 복구해주는 대가를 비트코인으로 달라고 요청한 것이다. 비트코인은 확실한 익명성을 보장하기 때문에 자금세탁, 탈세 등의 블랙마켓 수단으로 주목을 받고 있기도 하다. 이런 이유로 비트코인 거래를 규제해야 한다는 국제적 여론에 부딪히고 있다.

최근에는 단순히 홈페이지를 방문만 해도 랜섬웨어에 감염되기도 한다. 일명 드라이브 바이 다운로드Drive by Download 기법을 이용하는 것이다. 드라이브 바이 다운로드는 공격자가 해당 웹사이트의 보안이 취약한 점을 노려 악성코드를 숨기고, 해당 웹사이트에 접속하는 순간 사용자 자신도 모르게 다운로드 되어 감염시키는 방식을 말한다.

하드포크

블록체인은 거래가 완료된 기록들이 발행된 순서대로 각각의 블록에 저장이 되고 그 볼록들이 연결이 되어 블록체인이 완성이 된다. 이렇게 완성된 블록체인 내에 새로운 기능을 업데이트하거나 잘못된 거래가 기록되었을 때 이를 바로잡기 위해서 체인을 두 갈

래로 나누게 되는 과정을 하드포크라고 한다.

비트코인이 하드포크로 분리되어 생선된 것이 비트코인 캐쉬 BCH, 비트코인 골드BTG다. 또 이더리움ETH과 이더리움 클래식ETC 이 하드포크로 분리가 되었다.

비트코인은 블록의 근간이 되는 블록이 블록체인 데이터베이스에 더해질 때 완성이 된다. 블록은 10분에 1MB로 제한이 되어 있다. 1초에 7개 거래로 제한이 된다. 거래량이 폭주하면 비트코인은 완성하기 위해 1시간이 넘게 걸릴 수도 있다. 비자VISA가 1초에 2,000개의 거래를 처리한다고 하니 비교가 될 것이다. 하드포크가 발생되면 기존의 체인은 그대로 유지가 되고 문제점을 보완한 새로운 체인에 블록이 생성된다. 기존의 체인과 새로운 체인은 각각 따로 운영이 되고 서로 호환이 되지 않는다.

하드포크는 다른 암호화폐와는 호환이 되지 않는 또 다른 블록체인에서 한 번 더 다른 종류의 암호화폐를 만들어 내는 것을 말한다. 암호화폐를 채굴하는 과정에서 보였던 오류들을 개선하고 문제점들을 수정하는 방향으로 원래 있던 블록체인과는 전혀 호환이 되지 않는 것을 하드포크라고 한다. 세그윗이 '프로그램 업데이트' 용어라면 하드포크는 '인위적인 작업'의 의미가 크다.

POW 방식, POS 방식

POW 방식

POW는 'proof of work'의 약자이며 '열심히 일한 만큼 보상받는다.'라는 뜻이다. 다른 말로 '작업증명 방식'이라고도 한다. POW는 말 그대로 컴퓨터가 열심히 연산문제를 풀도록 하여 그 보상으로 코인을 취득하는 방식이다. 성능이 더 좋은 채굴기를 보유하면 연산처리가 빨라지므로 코인을 더 많이 채굴할 수 있다.

다만 고성능의 컴퓨터를 가동하면 전력소비가 많아지게 되므로 투입되는 비용과 채굴되는 코인 수를 계산하여 수익성이 높은 쪽을 택하는 것이 유리하다. 중국처럼 전기료가 저렴한 곳은 고성능 채굴기가 유리할 것이고 한국처럼 전기료가 다소 높은 곳에서는 산업용 전기를 사용할 수 있는 공장지역에서 고성능 채굴기로 대형공장을 가동하는 등 전략적인 접근이 필요하다.

POW 채굴의 가장 대표적인 코인은 비트코인이다. ASIC채굴기로 채굴을 해야 되며 채굴난이도가 가장 높은 암호화폐이다. 만약 비트코인을 끊임없이 채굴을 한다면 비트코인의 가치는 떨어질 테지만 비트코인은 총 수량이 2,100만 개로 정해져 있기 때문에 다른 코인에 비해 가치가 매우 높다. 똑 같은 물건을 계속 찍어내면 그 물건에 대한 가치가 하락하는 것처럼 암호화폐도 마찬가지이다.

POS 방식

POS는 'Proof of stake'의 약자로 '가지고 있는 만큼 보상한다.' 라는 뜻이다. 다른 의미로 '지분증명'이라는 말을 쓰기도 한다. 글자 의미대로 POS 방식으로 채굴되는 암호화폐를 보유하고 있으면 보유한 지분에 대한 이자의 개념으로 보상이 지급되는 방식이다. 따라서 많은 수량의 암호화폐를 보유할수록 더 많은 보상이 지급되는 것이다. POS 방식에서는 코인을 많이 보유하고 있는 사람일수록 해당 코인의 가치가 떨어지게 되는 것을 우려하게 될 것이므로 블록체인의 네트워크 검증에 적극적으로 참여하게 된다.

POS 방식의 대표적인 코인은 이더리움이다. 이더리움은 개발 단계에서부터 POS를 염두에 두고 개발된 암호화폐이다. 그러나 처음에는 많은 사용자를 확보하기 위한 일환으로 POW 방식으로 채굴을 진행했다. 더 많은 대중들이 이더리움을 확보할 수 있도록 대중적인 확장성을 염두에 두었던 것이다. 그렇지만 이더리움은 발행 총량이 정해진 것이 아니다 보니 계속 POW 방식으로 채굴을 하다 보면 이더리움의 가치가 떨어질 수 있기 때문에 POS 방식으로 전환시키는 하드포크를 진행하게 된다.

노드

노드란 암호화폐의 블록정보와 거래내역을 모으는 네트워크의 수집사이트라고 할 수 있다. 채굴이 되거나 특정 암호화폐의 거래가 발생하게 되면 블록정보나 거래내역이 모든 노드에 전달이 되며, 전달을 받은 노드들은 경쟁적으로 블록정보나 거래내역을 계속 업데이트한다.

암호화폐의 블록정보와 거래내역은 거래에 참여하는 모든 사용자들에게 공개되는데 이때 거래정보를 모으는 것을 노드라 하고, 이 노드를 통합하여 블록으로 체인에 연결 시킨 것을 블록체인이라고 이해하면 된다. 거래내역은 'blockchain.info' 사이트에서 누구나 확인할 수 있다. 해당 사이트는 각 노드들에서 수집한 블록정보나 거래정보를 근거로 그중에서 공인된 정보를 업데이트하고 있다. 비트코인은 익명성을 가지지만 공개성도 같이 가지고 있는 것이다.

암호화폐에도 지갑이 있다

우리가 들고 다니는 지갑에는 현금이나 카드가 들어있듯이 눈에 보이지 않고 만져지지도 않는 암호화폐는 지갑도 눈에 보이지 않는다. 암호화폐의 지갑은 이름 그대로 암호처럼 만들어져 있다. 암호지갑에 해당 코인을 넣을 수 있을 뿐만 아니라 보유 중인 다른 코인을 관리할 수도 있다. 좀 더 쉽게 이해를 돕자면 e-mail 계정이라고 생각하면 쉽겠다. 암호화폐 지갑을 메일 계정으로 비유하자면, 지갑 주소는 e-mail 주소라고 할 수 있겠다.

다른 사람의 e-mail 주소를 알아야 메일을 보낼 수 있듯이 다른 사람의 지갑 주소로 코인을 보낼 수 있다. 보통 거래소에 계정을 만들면 각 코인마다 자동으로 지갑주소가 생성된다. 이 지갑주소로 코인을 받기도 하고 보내기도 한다.

개인키

암호화폐 주소를 e-mail 주소에 비유할 수 있듯이, 개인키**Private key**는 e-mail 계정에 접속할 수 있는 비밀번호라고 할 수 있겠다. e-mail을 보내기 위해서는 계정에 비밀번호를 입력하듯 암호화폐도 주소에 대한 개인키를 가지고 있어야만 해당 코인을 전송할 수 있다.

거래소 지갑과 하드웨어 지갑

지갑은 크게 4가지 타입이 있는데 거래소 지갑, 하드웨어 지갑, 웹**web** 지갑, 소프트웨어 지갑이 있다.

거래소 지갑

암호화폐 거래소를 이용하면 각종 코인지갑 생성이 자동으로 만들어진다. 초보자들에게는 아주 편리하다. 단 거래소가 문을 닫거나 해킹을 당하면 코인을 영원히 잃어버릴 수도 있다. 2014년에 일본 암호화폐거래소 마운트곡스가 해킹으로 5,000억 원이 넘는 비트코인 피해를 보고 파산했으며, 홍콩의 암호화폐거래소인 비트파이넥스가 2016년에 해킹당한 적이 있고, 중국에서도 오케이코인이 해킹을 당하기도 했다.

한국에서는 거래소 빗썸이 개인정보가 유출되어 거래소 운영이 일시 중단되기도 했으며, 최근에는 거래소 유빗이 해킹으로 약 170억 원의 암호화폐를 탈취당하고 파산 신청을 했다. 암호화폐 자체는 완벽한 보안성을 갖고 있으나 거래소는 인터넷으로 연결되어 있어서 보안이 취약하다. 이에 따라 한국 블록체인협회 준비위원회에서는 고객 예치금의 70% 이상을 콜드스토리지에 의무적으로 보관하도록 하는 자율규제안을 만들었다.

콜드스토리지는 인터넷과 연결되지 않아서 해킹 피해가 원천적으로 차단된다. 한편 정부는 고객의 자산을 보호하는 장치를 마련하도록 거래소의 규정을 강화하는 법안을 준비하고 있다. 앞으로 법률적 제도적 장치가 마련이 되면 이중 암호키를 의무화하여 이용자 보호가 한층 강화될 것으로 보인다.

거래소 지갑은 다른 지갑들과는 달리 개인키에 대한 접근 권한이 없으므로 장시간 동안 거래소에서 코인을 보관하는 것은 그다지 추천하지 않는다.

하드웨어 지갑

하드웨어 지갑은 USB처럼 생긴 물리적인 장치이며 인터넷에 연결되어 있지 않아서 암호화폐를 안전하게 보관할 수 있다. 인터넷 쇼핑몰 등에서 구입하여 사용하면 되고 휴대하고 다니기 좋다. 코인을 입출금 할 때는 USB를 연결하여 할 수 있으며 사용을 완료한 후에는 USB 연결을 해제하여 보관하면 된다.

하드웨어 지갑 안에 개인키가 포함되어 있으며 지갑을 컴퓨터에 연결하고 PIN 암호를 입력해야 지갑 사용이 가능하게 되어 있다. 다만 하드웨어 지갑을 잃어버리면 코인에 대한 접근이 제한되므로 하드웨어 분실에 특히 주의해야 한다. 다행히 하드웨어 지갑을 만드는 회사들은 시드키와 PIN 숫자를 통해 코인을 복구하는 방법을 제공하고 있다.

Web 지갑(web wallet)

몇 군데의 웹사이트에서 웹지갑 서비스를 제공하고 있으며 사용자가 해당 웹사이트에 접속해서 계정을 만들면 되므로, 만들기가 쉽고 보관도 편리하지만 해당 웹사이트가 다운되거나 해킹을 당하게 되면 코인에 대한 접근이 제한되는 단점이 있다.

소프트웨어 지갑

소프트웨어 지갑은 두 가지가 있는데 PC 또는 Mobile에 설치되는 'Client 지갑'과 인터넷 브라우저를 이용한 'Web 지갑'이 있다. 주로 전문가들이 사용하며 다음과 같다.

풀 노드 클라이언트 설치형(Full Node Client Wallet)

풀 노드 지갑 클라이언트를 실행하기 위해서는 블록체인 전체를 컴퓨터에 다운로드 해야 하는데, 풀 노드를 통해 거래의 진위를 판별하게 되고 해당코인의 블록체인을 직접 관리할 수 있다.

장점은 해당 암호화폐의 개발사에서 제공하여 보안 및 해당 암호화폐의 풍부하고 안정적인 환경을 제공해 준다. 단점은 저장용량을 몇 기가바이트나 차지할 수도 있고 '동기화'하는 데에 많은 시간이 걸릴 수 있다.

씬 클라이언트 설치형(Thin Client Wallet)

씬 클라이언트 지갑의 장점은 온라인에 저장되어 있는 블록체인을 이용하기 때문에 동기화가 비교적 빠르다는 것이다. 단점은 인터넷에 로그인되어 있을 때 개인키를 따로 분리하지 않는다는 것이다.

위 지갑들 중에서 자신의 환경과 여건에 맞는 것을 선택하여 사용하면 된다. 일반적으로는 거래소 지갑과 하드웨어 지갑 두 가지를 병행하는 경우가 많다.

CHAPTER

0 부록

APPENDIX
부록

한국 암호화폐 개발회사를 소개한다

우리나라에서 개발된 전도유망한 신생코인 몇 가지를 소개한다.

H-DAC

H-DAC는 IT와 건설 신산업의 선두주자 현대 BS&C가 주축이 되어 블록체인과 IT 융합 플랫폼 회사인 더블체인과 그리고 차세대 금융을 이끌어갈 한국디지털거래소덱스코, DEXKO가 업무협약을 통해 진행하고 있는 암호화폐이다.

H-DAC는 블록체인기술을 기반으로 퀀텀 랜덤넘버 즉, 난자양수 기술을 더해 보안성을 극대화시킨 것이 특 장점으로 꼽히는 코인이다. 양자난수를 쉽게 표현하자면 블록체인을 한 번 더 블록체인화시켜 암호 해독력을 높인 것이라고 할 수 있는데, 데이터 처리

238
미래는 디지털화폐 시대

공간을 넓게 확보함으로써 데이터 처리 속도가 빠르며 IoT 환경 전반에 다양하게 접목할 수 있다.

H-DAC가 가진 특이점은 퍼블릭 체인과 프라이빗 체인으로 분리 확장된 기술인데 퍼블릭 체인은 공공의 개념을 전산데이터와 금융을 운용하고, 그것과 별개로 전혀 간섭받지 않는 별도의 프라이빗 체인이 서로 연결되어 확장운용 됨으로써 비트코인과 이더리움의 장점을 합한 것이 더블체인이라고 할 수 있다.

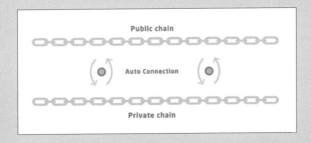

두 개의 체인의 목적이 각각 다르며 이를 서로 연결하여 확장성을 넓히는 특징이 있다. H-DAC는 가치투자를 증대하기 위하여 향후 ICT 및 IoT 환경으로의 확장이 쉽도록 설계되어 있다. 따라서 유통분야에서의 편리한 사용뿐 아니라 현대 BS&C가 가진 최고의 IT 기술과 건설기술의 융합으로 진정한 스마트 홈 시대에 다양한 서비스를 제공할 것이다.

또한 핀테크 분야에서도 매우 우수한 보안기술을 배경으로 더욱 빠르고 편리한 금융거래 기반이 다져질 것이며 정확한 자산거래 관리와 빠른 국제송금 및 투자와 소비의 선순환 될 수 있도록 할 것이다. 총발행량은 120억 개이며 블록생성시간은 3분180초이며 총발행 년 수는 163년이며 반감기는 4.7년이다.

H-DAC는 4차 산업혁명을 이끌 신개념의 글로벌 전자 암호화 화폐로서 매우 가치 있는 자산 수단이 될 것이며 한정된 발행으로 급격한 인플레이션과 디플레이션에 대비할 수 있는 새로운 자산이 될 것이다. H-DAC는 단순한 자산수단을 넘어 전 세계 경제와 산업전반에 큰 영향력을 발휘할 차세대 완벽한 종합자산으로 발전하게 될 것이다.

또한 H-DAC는 블록체인 기반의 IoT 디바이스 간의 결제처리와 인증 시스템 구축하고 사물인터넷으로 연결되는, 세상에 가장 핵심적인 데이터로 군림하게 될 것이며 그 빅데이터는 앞으로 우리의 실생활에 지대한 영향을 미칠 것이다.

앞으로 다가올 시대에는 많은 주변기기들이 스스로 제어되고 동작하여 일상생활과 산업환경에 획기적인 변화를 이끌 것인데 이 모든 것은 블록체인기술과 IoT 융합개발 기술력이 있어 가능한 것이다. 그 변화의 중심에 H-DAC가 앞장서서 더 행복하고 혁신적인 미래를 선사할 것이다.

인텔의 리얼센서 안면인식테크놀로지와 H-DAC 블록체인의 IoT 테크놀로지가 업무협약을 통해 신사업을 펼칠 예정인데, 인텔의 안면인식테크놀로지는 사람의 안면인식과 행동까지 인식하여 반응하는 기술이다. 두 기업 간의 기술적 결합으로 더욱 큰 시너지 효과를 기대한다. 안면인식 보안 솔루션은 출입보안이 요구되는 기업의 사무실, 연구소, 정부기관 등에서 강력한 출입통제 시스템으로 작동될 것이다.

비트코인이 블록체인 기반의 화폐 기능을 가진 1세대 기술이라면, 스마트 컨트랙트Smart Contract 기능을 가진 이더리움은 2세대 블록체인이며, 스마트 컨트랙트 기능에 사물인터넷과 양자역학기술의 융합을 더해 디지털 에셋Digital Asset 기능을 겸비한 H-DAC 는 3세대 블록체인이라고 할 수 있다.

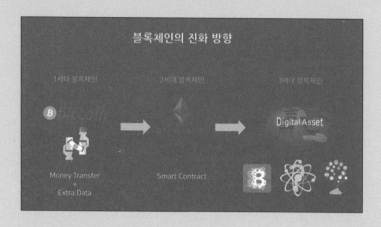

디지털 에셋을 겸비한 3세대 블록체인의 처리영역을 살펴보면 다음과 같다.

금융서비스 부문	제조 및 유통 부문	사회문화 부문	공공서비스 부문
송금 증권 p2p 대출 보험계약	공급사슬관리(SCM) 사물인터넷	예술작품 음원, 콘텐츠 소셜 쉐어링(Social- Sharing)	의료기록 전기세, 수도세 등의 공공요금 결제 스마트 계약 토지대장 전자시민권 전자투표

다음은 그동안 H-DAC가 진행해온 경과와 미래선업에 상용화 하기 위해 개발에 박차를 가하고 있는 내용이다.

현대 BS&C와 제휴, 현대페이 사업시작(2016. 12)

건설, 유통, IoT 등 다양한 분야의 결제수단. 강력한 보안성과 확장성으로 해킹 원천 차단. B2B, B2C 및 한국 내 은행, 보험, 신용카드사와 폭넓은 제휴.

IT 협력 비즈니스

핀테크 솔루션 개발 및 공동운영. 스마트 결제 및 대규모 아파트, 공장 등 IoT 시스템 구축 포괄적 협력. 양자난수 기술을 응용해 보안성과 확장성을 높인 화폐수단. 블록체인 기반 알고리즘으로 강력한 보안성, 결제, 금융, 자산관리에 보다 안전한 ECD 시스템 개발 진행.

거래소 시스템

디지털 에셋을 사고파는 거래소 시스템 개발. 기존 거래소의 단점을 보완하여 커뮤니티형 오픈 플랫폼 구성.

P2P 펀딩(FUNDING)

개인투자자의 이윤창출 및 합리적 중금리 대출. 저금리 시대의 이윤창출 제공. 금융권 대출이 어려운 우수사업자 대상의 중금리 대출 실행. 재투자 비율이 높고, 합리적 금리로 금융시장 수요공급에 기여. 영화, 음악 등 문화 콘텐츠 및 건설, 유통 등 서비스 분야 집중대상.

더블체인 플랫폼 특징

1. 차세대 금융 플랫폼결제, 금융, 자산관리

2. 금융 데이터 통합 및 보안

3. E- Currency가 사용내역을 자체 저장Money is Big Data

4. High Level 신용사회구현직불, 선불, 투명성 제공

이지스의 특징

이지스는 IoT 기기-기기, 기기-사용자 간 상호 인증과정에 블록체인기술을 접목한 새로운 방식의 기기 간 인증 아키텍처 모델이다. 특히 쌍방향 기기인증, 즉, 특정기기와 기기가 서로를 인식할 수 있도록 고유 채널을 확보하고 이 과정에서 필요한 상호 인증 방식을 기존방식이 아닌 블록체인기술을 적용하는 모델이다.

데이터 소사이어티 실현(Data Society)

디바이스 내 정해진 룰에 의거해 의사결정 및 스마트 컨트렉트를 이용하여 개인맞춤형 제어 서비스 제공. Digital Asset은 차세대 암호화 기술을 가진 암호화폐 수단으로, 양자난수 기술을 응용하여 보안성과 높은 신뢰성의 가치를 실현한다. 향후 IoT로 응용될 수 있는 새로운 통화 수단이다. 특허청 특허완료(특허 No. 10-1678795).

기존의 블록체인에서 생성하는 유사난수는 예측 가능성에 의한

위약성이 있음에 따라 자연의 노이즈를 이용하여 패턴 분석이 불가능하므로 해킹에 안전하고 가장 신뢰성 있는 양자난수 생성기에 의해 발생한 진정난수를 사용한다. 방사성동위원소의 자연붕괴 현상을 감지하여 난수를 생성하는 기술을 적용한 양자난수 생성기를 활용한다.

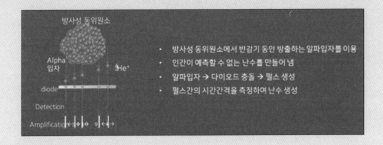

한편 현대BS&C에서 건설하는 경기도 고양시 삼송지구 헤리엇 주상복합 빌딩에는 블록체인 기반의 H-DAC 디바이스가 적용된 Smart IoT 서비스를 접목시킨 최초의 건물이 될 것으로 알려졌다. 한국 기업으로서 관련 소프트웨어를 계속 확대 발전시켜 4차 산업 혁명에 견인차 역할을 해줄 것을 기대해본다(H-DAC 소개는 기술백서에 나와 있는 내용을 편집했음을 밝힌다).

H-DAC 홈페이지
https://hdac.io

스타그램 코인 인터뷰

스타그램 코인 개발을 진행, 기획총괄하고 계시는 (주)KMS의 김민수 대표님과 인터뷰를 위해 약속장소인 서울 강남구 역삼동 소재 본사를 방문하였다. 이른 아침임에도 불구하고 10여 명의 관계자들이 기술회의를 진행하고 있었고 때마침 그 자리에는 MS사의 기술진들이 함께 열띤 토론을 진행하고 있었다. 회의가 마무리 되기를 한 시간 정도 기다렸다가 대표님 방에서 찻잔을 마주하고 앉았다.

Q: Han_스타그램 코인을 자세하게 소개 부탁드립니다.

A: Kim_스타그램 코인은 블록체인 기반의 순수 실용코인을 표 방하는 코인으로서 연예기획 전문 기업인 (주)KMS에서 기획 총괄 하여 발행하는 코인입니다. KMS는 19년 동안 연예기획을 전문으로 성장한 기업으로서 그동안 온라인 '최고배달' 앱을 통해 국내 최초로 비트코인을 결제할 수 있는 시스템을 도입하기도 하였습니다. 최근에는 모바일 앱 '행사의 신'을 개발하여 인기몰이를 하고 있는 등 블록체인기술을 다양한 콘텐츠에 접목하여 실생활에 사용할 수 있는 실행코인 개발에 심혈을 기울여온 기업입니다.

스타그램 코인은 수많은 팬덤을 형성하고 있는 스타들이 코인을 발행할 수 있도록 마스터키를 갖는 플랫폼의 역할을 하게 됩니다.

지금까지 비트코인, 이더리움, 리플 등 많은 코인이 만들어져 있지만 아직 실생활에 손쉽게 사용되는 실용코인은 거의 없습니다.

이에 스타그램코인은 수많은 팬덤을 형성하고 있는 스타들이 손쉽게 코인을 발행할 수 있도록 플랫폼을 제공하고 스타들은 코인 발행으로 확보된 자금으로 보다 양질의 공연을 기획하고, 양질의 음반을 제작해서 팬들에게 보답하는 등 안정적인 활동을 할 수 있게 됩니다.

팬들은 자신이 좋아하는 스타가 발행한 코인으로 특별 팬 미팅에 초대 받기도 하고, 공연도 보고, 음반도 사고, 관련 콘텐츠를 구매하는가 하면 다양한 가맹점에서의 결제, 즉 커피전문점, 영화관, 면세점, 고급레스토랑, 쇼핑몰 등에서 코인 결제를 할 수 있게 됩니다. 팬 입장에서는 자신이 좋아하는 스타에게 무엇인가 기여를 할 수 있다는 자부심도 제공하는 셈이지요.

이러한 스타그램 코인을 글로벌로 확장시켜나가고 전 세계 각각의 스타들은 자신의 이름을 걸고 발행한 코인을 시장에 유통함으로써 안정적인 문화 콘텐츠 개발에 힘쓰는 한편 더욱 엄격한 자기관리를 통해 인기관리뿐만 아니라 사회적 공인으로서의 면모를 갖추는데 애쓸 것입니다. 이러한 선순환 구조는 공연과 기획, 그리고 문화계 전반과 세계 경제 활성화면에도 많은 기여를 할 것으로 기대하고 있습니다.

Q: Han_연예기획사를 19년 동안 운영해 오고 계시는데 갑자기 블록체인 기반의 코인을 개발하셨다고 해서 많은 분들이 궁금해하고 있습니다.

A: Kim_저는 성격이 한번 파고들면 몰입하는 스타일인데, 어릴 때 멋모르고 해킹을 많이 시도했습니다. 무엇보다 재미있었기도 했지만 그때는 그것이 잘못인 줄도 모르고 했지요. 남들이 뚫지 못하도록 방어막을 쳐 놓은 것을 친구들과 재미 삼아 참 많이 해킹을 했지요. 자아성취감 때문이었다고나 할까요?

그런데 그렇게 컴퓨터를 가지고 놀았던 것이 실력을 늘리는 데 많은 도움이 되었습니다. 실제로 많은 보안업체들이 실력 있는 해커들을 스카우트 하기 위해 노력하고 있지 않습니까? 나 역시도 보안업체를 운영하기도 했었지만, 실력 있는 해커들의 몸값은 부르는 게 값입니다.

Q: Han_스타그램 코인은 실용코인을 목적으로 개발되었다고 하셨습니다. 개발 배경을 듣고 싶습니다.

A: Kim_처음부터 코인을 기획했던 것이 아니라 개발자로서, 콘텐츠를 만드는 한 사람으로서 국제 간의 송금거래시스템의 불편함을 해소하고자 하는 것이 시작이었지요. 해외에서 콘텐츠를 구매한다든지 물품을 판매한다든지 하는 것에 상당한 불편함을 가지

고 있지요. 특히 외환에 있어서는 송금을 하려면 은행을 가야 되고 한 번에 2천 불 이상 송금하려면 소명을 해야 되고, 1년에 5만 불 이상은 또 제약이 있고 해외에서 우리나라로 돈을 보내는 사람도 불편해 하고 있는 건 마찬가지입니다.

돈을 보내는 사람도 받는 사람도 모두가 수수료를 내는 데 불편함을 호소하고 있는 것 이지요. 이런 것들은 당연하긴 하지만 해외에서 많은 외화를 벌어 와야 하는 개발자나 사업자들은 이러한 시스템이 참 많이 답답한 현실로 받아들이고 있습니다.

왜 내 돈을 주고 내가 필요한 것을 구매하는데 소명을 해야 되고 이런 불편함을 개발자들도 갖고 있고 일반 기업들도 가지고 있고 일반 사용자들도 갖고 있다는 것입니다. 이런 것들을 해소하기 위해 중간에 매개체 역할을 해주는 기관들이 있지요. 그런데 그런 기관들에 내는 수수료가 또 만만하지가 않아요. 보내는 사람, 받는 사람 모두가 수수료를 내는데 불합리함을 호소하고 있는 것입니다.

그처럼 기관들에서 시스템을 유지하기 위해서 받아가는 돈들이 불합리하다고 느껴서 개선의 필요성을 가지고 있던 차에 블록체인이 나왔지요. 블록체인은 중간 매개자가 필요 없는 혁신적인 시스템이잖아요? 2009년부터 블록체인을 연구하면서 비트코인에 열광했던 한사람으로서 이제는 암호화폐의 새로운 역사를 만들어보고자 마음먹게 되었습니다.

돈을 급하게 보내야 하는데 비트코인을 보내면 트래픽이 걸려서 시간이 오래 걸리는 등 결제 시스템의 의미가 퇴색되기도 했거니와 스타들을 중심으로 새로운 문화 콘텐츠를 만들어서 많은 사람들이 일상생활에 편리하게 사용할 수 있도록 기획하게 되었습니다. 암호화폐가 활성화되면 거북한 쪽은 기존의 금융이나 결제시스템, 그리고 정부가 불편할 뿐입니다. 오히려 합리적인 세상이 된다고 봅니다.

Q: Han_해외에서도 대형 스타들이 스타그램 코인에 큰 관심을 보인다고 들었습니다.

A: Kim_한국시장뿐만 아니고 해외시장을 더 크게 보고 있습니다. 한국에서 ICO를 금지하고 있기도 하고 해서 일본에 스타그램 재팬을 설립해서 상주 직원을 두고 활동하고 있습니다. 싱가포르에도 회사를 설립했으며 곧이어 중국 홍콩, 동남아에도 회사를 설립할 계획을 세우고 있습니다. 2018년 상반기에는 해외의 빅 스타들

과 스타그램 코인의 업무협약을 진행할 겁니다.

또한 열악한 환경의 엔터테인먼트의 생태계를 활성화해주고 싶습니다. 스타그램 코인은 기술력과 마케팅 면에서 기존의 코인보다 10배 100배 뛰어나다고 자부합니다. 그만큼 엄청난 프로젝트를 진행하고 있는 것입니다. 스타그램 코인은 전 세계의 스타들과 사용자인 팬들에게 신뢰를 얻는 획기적인 서비스가 될 것입니다.

스타는 자신의 이름으로 코인을 발행할 수 있으며, 참여하는 팬들은 코인으로 음반도 사고 공연 관람도 하고 관련 콘텐츠도 구매할 수 있습니다. 물론 가맹점과 연계하여 스타그램코인으로 커피를 마시거나 영화를 보는 등 일상생활 속에서 사용하는 최초의 실용 코인이 됩니다.

Q: Han_다른 돈 많은 대형 엔터테인먼트 회사들에서 모방하지 않을까요?

A: Kim_돈이 많다고 해서 코인을 개발할 수 있지도 않거니와 돈 많은 엔터가 없는 것이 또한 한국 엔터의 현실입니다. 돈이 많으면 왜 굳이 주식시장에 상장을 시키겠습니까? 연예계라는 곳이 출처가 불분명한 돈거래가 좀 많습니까? 그러니까 맨날 배임횡령에 시달리는 것입니다. 돈 많으면 상장하지 않고 그냥 자기 돈으로 운영하고 말지요.

그리고 암호화폐 마케팅은 인프라만 있다고 해서 되는 것이 아닙니다. 개발이라는 것이 사람 사서 한다고 해서 뚝딱 만들어지는 것도 아니구요. 스타그램 코인은 플랫폼 회사이기 때문에 스타그램에서 다 개발해주고, 보안은 물론이고 거래소 상장도 시켜주고 마케팅까지 다 해주고 있는데 굳이 힘들게 따로 할 필요가 없을 것입니다.

제가 그동안 개발해서 진행해온 최고배달 앱, 대리운전 앱인 드리대리, 푸쉬오더, 예약해, 엑스퍼트티, 행사의 신 등 수많은 모바일 콘텐츠 개발 노하우와 가맹점 운영 시스템은 스타그램 코인을 활성화하는데 중요한 자산이 되고 있습니다. 또한 스타토큰 사용처 검색 및 실제 구매 시 브랜드 이미지 향상, 토큰과 가맹점의 연계성으로 인한 광고노출 효과, 제휴 가맹점의 매출 상승효과, 가맹점에서는 저렴한 수수료 등의 시너지 효과를 볼 수 있습니다.

Q: Han_발행량은 어떻게 되나요?

A: Kim_총 20억 개를 발행하며 분배와 사용처 등은 백서에 충분하게 설명되어 있으니 참고하시면 좋겠습니다. 그리고 2018년 3월에 싱가포르에서 ICO를 진행합니다. 사전에 예약을 받고 입장료도 받습니다. 왜냐하면 ICO를 콘서트로 진행할 것이기 때문입니다. 국내외 빅 스타들이 출연해서 성대하게 치러질 것입니다. 공연은 기대하셔도 좋습니다. 그리고 ICO를 마친 뒤 4월에는 국내와 해외 거래소에 상장시키는 것을 목표로 하고 있습니다.

Q: Han_스타그램 코인의 남은 미션이 있다면?

A: Kim_스타그램 코인의 미션은 전 세계 엔터테인먼트 시장의 다양한 콘텐츠를 언제 어디서나 즐길 수 있도록 제공하고 콘텐츠에 대한 섭외 및 결제를 쉽고 빠르게 할 수 있는 서비스를 구축하고 운영하는 것입니다.

창의적인 콘텐츠가 점점 더 부각되는 미래사회에서 다양한 콘텐츠를 공정한 기준과 서비스를 통해 수익을 만들어내고 분배하여 전 세계가 더 편하고 쉽게 엔터테인먼트를 즐길 수 있는 사회가 되도록 하겠습니다. 국내외에서 디지털화폐 서비스는 아직 그 형태를 온전히 갖추고 있지 못합니다. 투기의 목적으로만 사용되는 현재의 코인시장을 뛰어넘어 진정한 디지털화폐로의 역할에 충실한다면 그 어떤 디지털화폐보다 높은 가치를 만들어 낼 것입니다.

팬덤의 욕구를 충족시키기 위해 누구나 전 세계 어디서 온 오프라인에서 사용될 수 있도록 가맹점에 스타그램 코인 결제시스템을 선보일 예정이며, 그 첫 번째로 파티나, 행사에서 연예인 섭외와 계약을 위한 지불수단으로 스타그램 코인을 사용할 수 있게 할 예정입니다. 스타그램 코인은 기존의 연예인 섭외에 관한 계약금은 물론, 아티스트, 뮤지션, 모델, 행사장소 섭외 등 전 세계 파티와 이벤트 시장에 폭넓게 사용될 것입니다.

두 번째, 광고 분야의 계약금과 결제대금으로 사용될 예정이며, 연예인, 스포츠스타를 활용한 광고의 결제수단으로 스타그램 코인을 사용할 수 있도록 할 것입니다. 스타그램 코인을 통해 해외의 유명연예인을 광고모델로 선정하는 데 부담을 줄일 수 있으며, 국내의 유명스타 역시 해외 광고시장 진출이 한결 쉬워질 전망입니다.

스타그램 코인은 온오프라인의 경계 없이 전 세계 어디서나 통용되는 엔터테인먼트 비즈니스 코인서비스입니다. 스타그램 코인으로 행사진행, 섭외, 계약 등 모든 엔터테인먼트 비즈니스 영역에서 국경과 환율을 초월할 수 있습니다.

Q: Han_많은 도움이 되었습니다. 바쁘신데도 불구하고 시간을 내주셔서 감사합니다. 스타그램 코인이 전 세계로 확산되어 한국에서 개발된 코인을 전 세계인들이 사용할 수 있게 되는 날이 빨리 오기를 기대합니다.

A: Kim_기대에 부응하도록 노력하겠습니다. 감사합니다.

KMS 홈페이지
http://www.kmscom.com

스타그램 코인 홈페이지
http://stargram.io

큐브체인 인터뷰

서울 강동구에 있는 큐브체인 본사에서 대표님과 큐브체인 설계 및 개발담당 이사와 큐브체인의 개념CUBE CHAIN에 대해서 인터뷰를 진행했다.

Q: 큐브체인 도입배경은 무엇인가요?

A: 블록체인은 이제 암호화 화폐시장뿐만 아니라 전 산업에 걸쳐 데이터의 자유로운 공유와 안전성을 동시에 확보하는 기술로 대중화될 날이 머지 않았습니다. 큐브체인은 기존 블록체인의 단점을 보완하여 이에 기여하고자 합니다. 다양한 분야에서 편리하게 활용될 수 있도록 발전시켜 4차 산업혁명을 선도하는 기술로

만들고 새로운 생태계 형성을 위해 활용되길 기대하는 바입니다.

블록체인이 4차 산업혁명의 핵심 인프라로 떠오르면서 기존의 단점을 보완하려는 노력이 이어지고 있는데 그중에서도 블록체인의 단점으로 제기된 점은 채굴로 인한 자원낭비가 있고 두 번째는 사용자의 급증에 따른 처리속도가 느려지는 점 등입니다.

이런 단점을 보완하고자 2017년 8월 비트코인은 하드포크를 통해서 분열이 되지 않았습니까? 그러한 것들을 극복하고자 새로운 기술혁명이라 일컬어지는 큐브체인을 만들게 되었습니다.

Q: 수많은 코인들이 있는데 큐브체인만의 특징이라면 무엇이라고 할 수 있나요?

A: 큐브체인은 체인과 체인이 연결된 기술이 아니라 27개의 블록을 생성하여 그 블록들이 하나의 큐브가 되면서 체인으로 연결되는 신개념의 원천기술력입니다. 큐브체인은 총 27개의 블록으로 구성되고 그중에서 24개는 거래장부 기록을 담당하고 3개는 특수블록이 있습니다. 기존 블록체인은 정해진 시간에 1개의 노드만 처리하지만 큐브체인은 24개의 노드가 거래 장부를 처리할 수 있기 때문에 시간 대비 데이터 처리량이 훨씬 많아지게 됩니다.

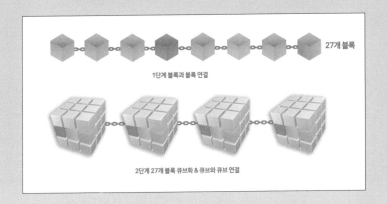

1단계 블록과 블록 연결

27개 블록

2단계 27개 블록 큐브화 & 큐브와 큐브 연결

큐브체인은 27개의 블록이 하나의 큐브가 되면서 각각의 블록들이 상호 연결되는 신개념의 원천기술이라고 보면 되는데, 그 특징은 블록과 블록이 연결되면서 1차 암호화가 되고 27개의 블록이 큐브화되면서 2차 암호화가 되어 보안성이 훨씬 뛰어나고 데이터 처리속도 또한 수십 배 빠르게 처리가 가능한 것이 특징입니다.

1차 암호화
블록과 블록 연결 시 1차 암호화

2차 암호화
27개의 블록이 큐브화 시 2차 암호화

Q: 그렇다면 3개의 특수블록이 하는 역할은 무엇인가요?

A: 특수블록으로 인덱싱Indexing, 스터티스틱Statistice, 에스크로

257

Escrow 등이 있습니다. 먼저 인덱싱 기능은 전체 블록에 대한 데이터를 일목요연하게 정리한 블록으로 검색기능을 강화하게 됩니다. 인덱싱의 목적은 특정 주소에 대한 이력을 빠르게 찾고 또 쉽게 관리할 수 있게 해주므로 API 제공 시에 빠른 속도로 구현될 수 있습니다.

두 번째로 스터티스틱 블록은 전체 블록에 대한 통계 값을 정리함으로써 스테틱을 이용하여 빠른 시간 내에 정리된 내용을 처리할 수 있게 해줍니다. 응용 서비스와 각종 API에서도 빠른 로직 구현과 다양한 활용성을 제공하게 됩니다. 쉽게 설명하자면 고정적으로 자주 사용하는 데이터를 취합한 블록으로 신속한 처리를 목적으로 하고 있습니다.

마지막으로 에스크로 블록은 조건부 날인 증서기능을 하는 블록으로써 에스크로 존에서 2중 승인 기능을 탑재하여 안전하게 신용거래를 진행할 수가 있도록 했습니다. 기존의 에스크로 거래와 같이 중개자의 역할도 할 뿐만 아니라 중개자가 없는 에스크로 기능도 수행하게 되는 것이지요. 온라인 쇼핑몰뿐만 아니라 개인 간의 직거래에서도 간편하고 편리면서도 안전한 거래를 할 수가 있게 됩니다.

Q: 큐브코인의 채굴방식은 어떻게 되나요?

A: 큐브체인은 POW + POS 방식을 혼용하여 채택하였습니다. 처음에는 POW 비율을 높게 하여 마이너의 네트워크 참여를 유도하고 점진적으로 POS의 비율을 높이면서 전력 낭비를 줄이도록 하였습니다. 다른 한편으로 POW와 POS 혼용 시 POS를 계산하여 지급하는 데 시간이 오래 걸리고 2가지 채굴방식의 밸런스 계산에 힘든 단점을 보완하여 큐브체인은 스터티스틱 블록의 통계수치로 계산에 대한 단점을 없애고 POW와 POS의 비율을 확정하였기에 밸런스를 염려하지 않아도 되도록 하였습니다.

Q: 큐브코인의 발행량은 어떻게 되는지요?

A: 큐브체인은 50년 동안 총 120억 개의 큐브코인을 발행하도록 설계되어 있습니다. POS 보상 참여 조건은 지갑에 최소 5,000개 이상의 큐브코인을 보유하고 있어야 하며, 조건에 부합되는 대상자를 찾아 잔고 비율로 자동으로 지급하게 되도록 설계했습니다.

Q: 반감기와 보상비율은 어떻게 되나요?

A: 큐브코인은 하이브리드 방식을 채택하여 POW와 POS의 보상비율을 5년마다 조정하게 됩니다. 블록생성의 안정성을 위해 채굴이 시작되는 시기는 POW 보상비율을 높게 설정하고 채굴이 안

정화 되면 점차 POS의 비율이 높아지게 됩니다.

Q: 향후 계획은 어떻게 되는지요?

A: 큐브체인은 기존 코인들보다 훨씬 빠른 데이터 처리가 가능한 신개념의 원천기술력을 보유하고 있습니다. 국내뿐만 아니라 향후 해외로 진출해 많은 사용자들로부터 주목받고 TOP5 안에 들어갈 수 있도록 하는 것이 목표입니다. 또한, 2018년 3월에 ICO를 진행할 예정이며, 그 사이에 1월 중으로 사이트 오픈을 하고 6월에는 제네시스 블록을 생성하고 마이닝을 시작하며 2018년 9월에 상장을 목표로 하고 있습니다.

Q: 큐브체인만의 차별점이 있다면 어떤 것이 있나요?

A: 이더리움은 비트코인의 블록체인 기반에 플랫폼 기능을 첨가하여 프로그래밍을 넣어서 구동하는 것이라면 큐브코인은 플랫폼 기능 대신에 템플릿화해서 넣은 것으로, 이더리움은 일반적으로 사용하기 어려운 구조로 보안에 취약한 것이 이슈가 될 수 있으나 큐브코인은 그러한 취약점을 원천적으로 배제한 기술력이라고 할 수 있습니다.

항목	비트코인	이더리움	햇수
Coin	Bitcoin	Ethereum	Cubecoin
특성	화폐	Smart Contracts	Cubing (이중암호화기술)
합의 알고리즘	POW (Proof of Work)	POW ⋯▸ POS (Proof of Stake)	POW + POS Hybrid
특수블록	없음	없음	Indexing Statistics Escrow
거래속도	7회/초	25회/초	100회/초

Q: 앞으로 큐브체인이 활용되는 곳은 어떻게 되나요?

A: 활용 면에서 다양한 시장이 많이 있는데 대략을 얘기하자면, 크게 두 자리로 나눠볼 수 있습니다.

첫째는 의료정보 교류 표준 큐브체인 플랫폼에 있습니다. 지금까지는 다른 병원에 가서 진료를 받으려고 하면 기존 검사받은 병원에서 자료를 건네받아서 다른 병원에 제출해야 했는데, 이제는 큐브체인으로 보안이 확보된 데이터를 접근 권한이 부여된 의료제공자끼리 공유할 수 있게 함으로써 더 빠르고 안전한 데이터 공유와 투명한 의료서비스가 가능해졌습니다.

그리고 그 데이터는 접근 권한이 부여된 의료제공자와 환자, 또는 의사들 간에 단일화된 환자기록을 공유하는 인프라를 제공하도록 함으로서, 분산 DB기술로 범용적인 의료데이터의 연구개발을 위해 쓰일 수 있게 됩니다.

두 번째로는 큐브체인 기반의 보안 로그인 시스템을 들 수 있는 데 사용자의 디지털 신분증 발급 후 분산된 큐브 정보를 활용하여 통합 로그인 처리^{해킹 우려} 감소하고, 디지털 증명서^{지문·홍채·생체인식}, 휴대폰 핀 코드, 통신사 인증정보, 신분증 스캔의 큐브^{블록}분산 생성 저장 등에 활용되게 됩니다.

미래 전문가들은 향후 블록체인기술이 상용화되면 사회 전반에 걸쳐 인터넷 발전만큼 혁신적 대 변혁을 가져올 것으로 전망하고 있습니다. 디지털 및 IT 기술을 통하여 사람-사람^{P2P}, 사람-사물 ^{P2M}, 사물-사물^{M2M}은 온라인과 오프라인을 넘나들며 긴밀하게 연결되는 4차 산업혁명을 견인하는 7대 기반기술^{빅데이터, IoT 등} 중 가장 핵심적인 기술로 블록체인^{분산원장}을 선정했는데 큐브체인이 그 중심에서 핵심적인 역할을 담당하게 될 것입니다.

Q: 큐브체인을 이해하는 데 많은 도움이 되었습니다. 앞으로 큐브체인의 많은 활약을 기대하겠습니다. 시간을 내어 주셔서 감사합니다.

A: 많은 관심과 호응을 부탁드립니다.

큐브체인 홈페이지
http://www.cubechain.io

미래는 디지털화폐 시대

비트코인 10년 안에 100억 간다